인생의 고통

폴 빌하이머 저 / 김 순 임 역

기독교문서선교회

기독교문서선교회(Christian Literature Crusade: 약칭 CLC)는
1941년 영국 콜체스터에서 켄 아담스에 의해 시작되었으며
국제 본부는 영국의 쉐필드에 있습니다.
현재 약 650여 명의 선교사들이 59개 나라에서 180개의 본부를 두고,
이동도서차량 40대를 이용하여 문서 보급에 힘쓰고 있으며
이메일 주문을 통해 130 여국으로 책을 공급하고 있습니다.
CLC는 청교도적 복음주의 신학과 신앙을 선포하는
국제적, 초교파적, 비영리 문서선교기관으로서, 하나님의 뜻에 합당한 책을 만들고
이 책을 통해 단 한 영혼이라도 구원되길 소망하며
이를 위해 주님이 오시는 그날까지 최선을 다할 것입니다.

Don't Waste Your Sorrows

New insight into God's eternal purpose for each christian in the midst of life's great adversities

by
Paul E. Billheimer

translated by
Soon-im Kim

Copyright © 1977 by Paul E. Billheimer
Originally published in the U.S.A. under the title
as *Don't Waste Your Sorrows* by CLC Publications, Fort Washington, PA
Translated by the permission of CLC Publications,
P.O. Box 1449, Fort Washington, PA 19034

All rights reserved.

Korean Edition
Copyright © 2009 by Christian Literature Crusade
Seoul, Korea

Don't Waste Your Sorrows

추천사

피어슨 박사(Dr. B. H. Pearson)
작가, 선교사, 캘리포니아 Upland World Gospel Crusades 전 대표

친애하는 형제 빌하이머에게

나는 당신의 책, 『왕좌에 앉을 운명』(*Destined for the Throne*)으로 즐거웠고 『인생의 고통』(*Don't Waste Your Sorrows*)에 전율하고 있습니다. 당신은 위의 책에서 얻은 통찰과 유익한 점들을 가지고, 인간 존재의 가장 어둡고 신비한 골짜기들 가운데 하나인 고난과 슬픔의 문제를 깊고 분명하게 볼 수 있었던 것 같습니다. 변명할 필요 없이 당신은 하나님이 성품을 개발하는 중요한 수단으로 슬픔과 고통을 사용하고 그것과 관련하여 하나님의 자녀가 훨씬 더 뛰어난 영원한 영광의 무게로 천국에 들어가도록 이것을 이용한다는 것을 보여주었기 때문입니다.

고난의 문제에 대하여 쓴 대부분의 자료들은 독자들이 의문을 갖도록 하는 여운을 남깁니다. 이 책에서 당신은 하나님의 존재와 성품에 근거한 분명하고, 메아리치는 성경적인 대답을 주었습니다. 하나님에 대한 개념과 어떤 방법으로도 성취할 수 없는 인간의 고난과 관련하여 생긴 영원한 가치가 슬픔과 고난을 통하여 주님과 보다 가까운 관계로 변화되도록 합니다.

'아가페'(Agape) 사랑에 대한 당신의 생각이 하나님 왕국에서 보상으로 주어질 지위와 여기서 이룩한 통합된 처리법을 가지고 사랑으로 하는 대부분의 처리법들을 능가합니다. 『인생의 고통』은 고통과 고난을 부주의나 또는 사고로서가 아니라, 하나님의 영원한 왕국에 있는 거할 곳을 위해, 이 땅에 있는 그의 가족을 완벽하게 하기 위한 하나님의 영원한 사랑의 계획의 일부분임을 보여줍니다.

금세기에 수백만의 그리스도인들이 고난과 죽음을 통과하여 순교의 왕관을 받았습니다. 지금 살고 있는 수백만의 그리스도인들도 의심의 여지없이 박해 또는 순교와 같은 일을 당할 것입니다. 『인생의 고통』은 독자들이 예측하지 못한 시험을 준비하고 그리스도를 위해 고난을 기쁨으로 감당할 수 있도록 도울 것입니다.

저자 서문

 이 책은 『왕좌에 앉을 운명』의 후속 편으로 계획되었고, 똑같은 우주론을 기초로 하고 있다. 우주론이라는 용어는 우주가 운행되는 원리를 의미한다. 이 우주론은 우주의 궁극적 목표가 교회(롬 8:28; 엡 3:9-11)라는 뜻을 담고 있다.

 이 지구를 포함하여 우주는 인류에게 적합한 거주지를 제공하기 위해 창조되었다고 확신한다. 인류는 그 아들에게 영원한 동반자를 제공하기 위해 하나님의 형상으로 창조되었다. 타락하고 구원을 약속한 이후, 예수를 구세주로 여기는 민족이 등장하여 메시아가 오기까지 양육되었다. 메시아는 유일한 한 가지 의도, 즉 그의 교회를 낳아서 그의 신부로 삼기 위해 오셨다.

 성경이 계시하는 한, 이 우주론은 하나님께서 영원에서 이루신 모든 것들과 어린양의 혼인잔치 때까지 이루실 모든 것들은 궁극적으로 한 가지, 오직 한 가지, 앞으로 올 세대들과 그의 광대하고, 영원히 발전할 영원한 왕국을 아들과 함께 다스리기 위해 존경 받을 위치에 맞는 그의 신부를 훈련하는 것이라고 주장한다. '영원부터 어린양의 혼인잔치에 앞서서 해야 하는 모든 것은 오직 하나님의 영원한 계획을 준비하는 것이다.' 신부가 사랑하는 사람과 왕좌에 앉은 후에야 하나님은 영원한 세대들에게 그의 창조 프로그램, 즉 주님의 뜻을 밝히 보이실 준비를 하실 것이다.

기본적으로 하나님은 이뤄진 것을 얻기 위한 방법이 아니라(그는 완전히 자급자족한다), 왕위를 준비하기 위한 하나의 역할로서 하나님께 적대적인 세력을 억누를 신부 간택을 위한 현장훈련으로 기도제도를 정하셨다는 것을 『왕좌에 앉을 운명』에서 주장한다. '승리는 즉위식에 선행되는 것이다'(계 3:21). 하나님은 여왕의 역할을 위한 준비로서 악한 세력에 대항하여 승리할 수 있는 '기도와 믿음'의 무기들을 이용하는 방법인 도구사용 요령을 배우는 수습기간으로 기도제도를 정하셨다.

'이 책은 주권을 위해 선택된 신부를 훈련하는 관점으로, **기도**와 더불어 **고난**에 관심을 기울이고 있다.' 우리가 이기면, 우리는 통치하리라(계 3:21). 우리가 고난당하면, 그분과 함께 통치하리라(딤후 2:12). '하나님은 통치자의 지위를 위한 기교, 기술 그리고 비법 등으로 신부가 충만하게 되거나 또는 자격을 갖추도록 하기 위한 기도제도를 계획하셨다. 그분은 더 나아가 타락의 결과인 **고난**이 **사랑의 법을 최상위**에 두는 정부에서 통치자의 지위에 요구되는 긍휼의 영이 요구하는 **성품과 기질**을 갖도록 계획하셨다.'

에베소서 1:9-10에서 우리는 우주가 움직이는 미래의 사회질서(하나님의 왕국이라 불린다)에서 하나님은 친히 모든 것, 곧 하늘에 있는 것들과 땅에 있는 것, 즉 전 우주, 모든 주권과 능력과 함께, 모든 권위와 지도자, 전 인류와 땅 아래에 있는 것들을 다 함께 하나로 모을 계획을 하셨다(빌 2:10)는 것을 믿는다. 친히 자신 속에서 작정한 자신의 크신 기쁨을 따라 자신의 뜻의 신비를 우리에게 알려 주셨으니 이것은 충만한 때의 경륜 안에서 친히 모든 것 곧 하늘에 있는 것들과 땅에 있는 것들을 그리스도 안에서 다 함께 하나로 모으려 하심이라. 사랑이 없이는 연합될 수 없다. 모든 불화, 분리, 분열은 사랑이 부족한 결과다. 따라서 완벽하게 연합된 우주에서는 **사랑의 법이 최상위 법이다.**

사람이 거듭나면, 즉시 통치자에게 합당하도록 훈련 받는 수습기간으로 들어간다. 천국의 사회질서에서는 '아가페' 사랑[1]이 권위 행사에 주요한 자질이기 때문에, 이 수습기간은 이 사랑을 개발하기 위한 기간이다.

자아분산과 '아가페' 사랑의 깊은 차원을 개발하기 위해서는 시련이 필요하기 때문에, 이 사랑은 오직 고난의 학교에서만 개발될 수 있다.' 이 사랑은 오직 실습과 시험을 통해서만 개발되고 성장한다. 이것은 '**왜** 고난당하지 않은 성도가 없는지'를 보여 줌으로서 고난과 성도 사이의 관계를 설명하고 있다. 이것은 또한 왜 가장 위대한 성인(聖人)들이 가장 큰 고난을 당했는지를 보여준다. 이것이 옛날부터 전해오는 낡은 질문, '왜 의로운 사람들이 고난당하는가?'에 대한 대답이다.

요약하자면 모든 거듭난 사람은 통치자가 되기 위한 훈련을 받는다. 하나님의 왕국이라 불리는 미래의 사회질서에서 최상위 법

---

[1] '아가페' 사랑은 가치나 뛰어난 목적 때문에 사랑하는 것이 아니라, 타고난 성질 때문에 사랑하는 사랑이다. 성경 사전에 따르면 이것은 자발적이고 자동적인 사랑이다.

이 '아가페' 사랑이기 때문에, 실습과 훈련은 이 사랑의 깊은 차원을 배우기 위한 것이다. 그러나 이 사랑의 깊이는 고난의 학교에서만 배울 수 있다. 시작할 때에만 경험하는 새로 태어나고 성령으로 충만한 후에까지도, 이 사랑의 거대한 차원은 훈련과 시험을 통해서만 개발된다. 순수와 성숙은 다르다. 성숙은 오직 고난의 세월을 통해서만 온다. 우리가 고난당하면, 우리는 또한 통치할 것이다. 왜냐하면 고난이 부족한 곳에는 사랑이 부족하고, 고난이 없으면 사랑이 없고, 사랑이 없으면 통치도 없기 때문이다.

역자 서문

 대부분의 사람들이 추구하는 것은 고난 없이 즐겁고 평안한 인생을 사는 것이다. 그리스도인들도 마찬가지라고 생각한다. 그렇지만 현실적으로 우리는 고난과 고통을 전혀 겪지 않고 살 수 없다. 인생의 고통을 겪는 그리스도인들은 대체로 하나님의 도우심으로 고통과 고난을 피할 수 있기를 구한다. 고통과 슬픔을 주는 하나님의 목적에 대해서는 별로 생각하지 못한다.
 상담을 하면서 가장 안타까운 상황들이 있다면 그것은 고통으로 인한 분노나 원한에 사무쳐 사는 그리스도인들을 보는 것이다. 이런 그리스도인들은 대체로 해결 되지 못한 감정의 감옥에 갇혀서 지낸다. 심한 경우, 분노나 원한의 감정에서 벗어나길 원하지 않는 그리스도인들도 있다. 이들은 이런 감정에서 벗어날 길이나 방법을 찾기 보다는 빚을 되갚을 방법을 찾는다.
 고통에 사무쳐 지내는 사람들은 용서를 생각하지 않는다. 용서를 하면 자신이 너무 억울하다고 생각하기 때문이다. 다시 말하면, 여전히 분노나 원한을 품고 있겠다는 것이다. 또한 용서를 해도 분노나 원한이 없어지지 않기 때문에 용서하지 못했다고 오해

하기도 한다. 상처를 준 사람을 용서하는 것과 감정은 별개라는 것을 모른다. 즉 용서는 의지적 행동이라는 것을 모른다. 용서를 하면 감정도 해결되어야 한다고 생각한다. 그래서 감정이 해결되지 않기 때문에 용서를 하지 못했다고 생각하며 지내는 그리스도인들도 많다. 다른 한 편으로 용서를 하면 화해를 해야 한다고 생각하여 용서하지 못하는 그리스도인들도 있다. 이것도 상처받은 감정과 관련되어 나타나는 성향이다.

감정을 해결해야 하는 하나님의 견해가 이 책에 아주 잘 설명되어있다. 하나님의 아들 예수 그리스도의 신부가 되기 위해서는 하나님의 사랑, 즉 '아가페' 사랑을 배워야 한다고 저자는 말하고 있다. 그리고 이 사랑을 배우는 과정에서 우리 그리스도인들이 해야 할 것이 자아분산, 즉 자기 부인이다. 자기중심적인 인간의 방식으로는 '아가페' 사랑을 배울 수 없기 때문에 자기 부인이 필요하다. '아가페' 사랑을 배우는 과정에서 자신을 부인하는 것이 고통과 슬픔으로 나타난다. 그리스도인들이 삶의 고통과 슬픔을 통한 하나님의 목적을 잘 깨달아 고통과 분노의 감정들을 마음에 품기보다, 하나님의 '아가페' 사랑을 배워서 예수님의 신부로 잘 준비되기를 바라는 마음이다.

저자 노트

폴 빌하이머

내가 자격이 있다고 느껴서 사랑에 대하여 쓰고 있는 것이 아닙니다. 이것과는 거리가 아주 멉니다. 반대로, 나는 참회하고 슬퍼하며, 이 사랑의 문제에 죄가 있다는 것을 아내에게, 아이들에게, 친척들과 친구들에게, 옛 교인들께, 전 학교 동료들, 직원들, 학생들에게 그리고 이 책을 볼지도 모르는 사랑하는 라디오 청취자들께 고백하는 기회가 되기를 바랍니다. 하나님께서 수년 동안의 힘든 훈련과 마음의 탐색과 추적을 통하여 이 책에 진리들을 말할 수 있도록 나 자신에게 사적으로 보여주셨습니다.

이것이 몸서리치게 고통스럽고, 상상할 수 없는 큰 대가를 치르더라도, 내가 피하지 않았으면 더 나았을 것입니다. 나를 향한 그분의 성실하심과 인내에 감사를 드리는 것이 속박을 풀게 한다는 것을 알았습니다.

가장 후회가 되는 것은 내가 너무 더디게 깨달은 것입니다. 가장 큰 기쁨은 하나님께서 나를 포기하지 않으셨다는 것입니다.

목차

추천사 - 5
저자서문 - 7
역자서문 - 11
저자노트 - 13
서론 - 21

제1장 영광은 어떤 대가를? - 29
1. 인생의 가장 심각한 문제 2. 우주적 고난
3. 죄인에게는 슬픔이 있다 4. 왜 성인이 고난당하는가?

제2장 우주에서 가장 큰 고난당한 분 - 35
1. 신의 고난 2. 하나님의 목적 – 확대 가족
3. 확대 가족의 목표 4. 하나님의 섭리로 타고난 고난
5. 자발적인 사랑의 비용 6. 장부에 기록하는 과정이 아니다

제3장 도덕적 우주 - 41
1. 세 종류의 사랑
2. 전능한 사랑 3. 사랑의 최후의 승리
4. 이 땅에서의 삶의 목적 5. 사랑은 고난당한다
6. 사랑은 자원하여 고난당한다

제4장 법적인 구원 – 47
　　1. 그리스도의 고난을 통한 합법적 구원
　　2. 법적 구원이란 무엇인가?　 3. 속죄의 우주적 범위
　　4. 건강과 번영에 대한 분명한 신학
　　5. 초대교회 – 하나님의 표준

제5장 고난의 신비 – 53
　　1. 사랑, 세상의 규범　 2. 영광과 고난
　　3. 타락으로 인한 막대한 손상　 4. 자아분산의 필요성
　　5. 시련의 작용　 6. 책망과 자녀훈련
　　7. 이스라엘의 예　 8. 시편저자의 예　 9. 그리스도의 예
　　10. 깨짐의 중요성　 11. 도덕적 선택의 고통
　　12. 영적으로 정지된 상태, 결함　 13. 자기연민, 낭비
　　14. 고통으로부터 위로　 15. 고통에서 온 성품
　　16. 애통하는 자는 복이 있나니
　　17. 좌절하고 고통하는 자는 복이 있나니
　　18. 패배를 치유하는 신비

제6장 믿음을 이루는 것보다 더 큰 믿음 – 69
　　1. 가장 위대한 영원한 이익
　　2. 위대한 성인은 흔히 위대한 고난을 의미한다
　　3. 산을 옮기는 믿음보다 더 '아가페' 사랑의 깊은 차원

4. 히브리서 11장의 믿음의 영웅들
   5. 신실한 인내의 영웅적 행위
   6. 그리스도와 '함께' 고난당하는 것이 무엇인가?
   7. 순종의 승리
   8. 인내의 길을 터벅터벅 걷는 영웅적 행위

제7장 인생의 위대한 일 – '아가페' 사랑 배우기 – 77
   1. 높은 지위에 지명된 사람들
   2. 우리의 때는 사탄의 손에 있는 것이 아니라 하나님 손에 있다
   3. 각각의 고통에 있는 필요   4. 이것은 내게서 온다
   5. 하나님의 전임사역   6. 회복된 높은 지위
   7. 우주에 대해 설득력 있는 유일한 설명
   8. 환상이 아니다   9. 마음을 놀라게 하는 우주론
   10. '아가페' 사랑을 가르치는 하나님의 방법

제8장 인생에서 가장 위대한 일 – '아가페' 사랑 배우기(계속) – 89
   1. 어린양이 전리품을 취하다   2. 시간 – 영원의 현관
   3. 부서진 바이올린   4. 깨짐은 무엇을 의미하는가?
   5. 깨짐은 또한 빈 것을 뜻한다   6. 자아에 대한 더 깊은 죽음
   7. 고난의 신비에 대한 설명   8. 고난 – 하나님의 거대한 작전
   9. 고난을 통하여 특권을 받다   10. 솔로몬의 성전
   11. 신자들은 살아있는 돌이다   12. 돌들의 모양 만들기

제9장 가족관계를 통해 '아가페' 사랑 배우기 - 105

    1. 지구, 사랑을 배우는 천구   2. 순수함 - 즉시
    3. 성숙 - 일생의 과정   4. 인생 - 실험실   5. 가정 - 소우주
    6. 신혼부부들은 흔히 자아 중심적이다   7. 영적 문제
    8. 희생적 사랑 배우기   9. 수평선 대 수직선
    10. 권리들을 포기할 권리   11. 회개와 보상
    12. 불안정한 기반   13. 우리 시대의 비극   14. 전문적인 견해
    15. 무신론자의 철학   16. 치료로 유혹하다
    17. 정신분석학은 과학이 아니다   18. 완전한 치료
    19. 전문가의 충고   20. 유일한 치료   21. 불성실한 결혼 생활
    22. 도덕적 패배 지배하기   23. 확약증언   24. 세대 간의 격차

제10장 부당한 고난을 통해 '아가페' 사랑 배우기 - 125

    1. 지연 훈련   2. 순수한 악이 어떻게 변화되는가
    3. 상황의 영원한 본질   4. 애통하는 자는 복이 있나니
    5. 욥의 자기분산   6. 현장 훈련   7. 고난과 성격개발
    8. 목적이 있는 슬픔   9. 목적이 있는 고난
    10. 부당한 고난에 부름 받다   11. 신뢰의 문제
    12. 성품개발을 위한 비료   13. 하나님의 느린 작업
    14. 마귀의 세상이 아니다

제11장 인생의 실패들을 통해 '아가페' 사랑 배우기 - 139

    1. 대가 없는 아주 위대한 것 2. 빙산의 일각

    3. 신부 간택 - 세상과 반대되는 교육 4. 교회의 구심점

    5. 일보다 일하는 사람 6. 패배의 성공 7. 잠시 대 영원

    8. 잡다한 동기들 9. 성공 숭배 10. 인생 다시 살기

    11. 사랑이 없는 인생은 재난이다 12. 성공하는 사랑 배우기

    13. '아가페' 사랑의 송가

제12장 나이 먹는 것을 통해 '아가페' 사랑 배우기 - 155

    1. 나이 먹기 - 하나님 계획의 일부 2. 나이 먹기와 가치 수정

    3. 나의 주인 4. 지난 세월의 목적

    5. 나이 먹기 - 하나님의 마지막 학교 6. 은퇴 후의 세월 낭비

    7. 은퇴를 생산적으로 만들기 8. 사탄의 계략

    9. 기도의 우선순위 10. 기도는 행동이 있는 곳에 있다

    11. 기도의 전쟁은 방해를 경주한다 12. 세상의 운명

    13. 실행 가능한 대안

Don't Waste Your Sorrows

서론

 오늘날 종교 집단들은 이상적인 영적 삶은 깨지지 않는 기쁨이나 평화, 또는 물질적 번영이라고 강하게 강조하고 있다. 이러한 생각이 널리 영향을 미치고 있는데, 구원받고 성령으로 충만하면 모든 문제가 즉시 해결되고, 기적은 멈추지 않고 일어나며, 문제가 전혀 없는 멋진 삶을 산다는 것이다. 어떤 사람에게는 매일의 기적이 이상하지 않다. 만일 사람이 초자연적 현상들을 계속 경험하지 못하면, 그것은 그가 영적으로 정상이 아니기 때문이다. 그와 하나님 사이에 무언가 잘못된 것이 있다. 이런 사람에게, 성령 충만한 삶은 소풍 가서 즐거운 롤러코스터를 타는 것과 같은 것이다. 아무도 아파서는 안 된다. 만일 누군가 아프면, 그는 노력하지 않고 간단히 믿음으로 즉시 나아야 한다. 돈이 필요하면, 그가 해야 할 일은 하나님께 돈을 요구하는 것이다. 그러면 하늘이 열리고 돈이 쏟아질 것이다. 누군가 부유하지 못해서 풍족하게 살지 못하면, 이것은 단순히 그가 영적으로 유능하지 못하기 때문이다. 과장되었다고 느낄 텐데, 바로 그 점을 말하고 있다.

 사실들이 이 신학의 진리를 재는 중요한 기준이 된다는 것을 암시하고 있다. 우리 가운데 영적 특권에까지 이르는 삶을 사는 사람이 거의 없다는 것이 분명한 사실이다. 하나님은 그의 아량과 기적을 일으키는 능력을 일반적으로 나타내는 것보다 훨씬 더 많이 나타내는 것을 사랑한다. 그러나 이 철학이 영적 관점과 균형에 적합한가 아니면 오직 동전의 한 면만 표현하고 있는가?

동전의 한 면은 그리스도인의 삶의 개념을 용기, 희생, 매서운 자아훈련을 요구하는 전쟁으로 표현하고 있다. 이 신학은 때로 직면한 갈등으로 인하여 진노와 어두움과 고통으로 지친 밤들과 절망적인 날들로부터 오는 피할 수 없는 곤함과 투쟁과 고통을 강조한다. 다음 성경 구절들이 이것을 말하고 있다. 그러므로 너는 예수 그리스도의 좋은 군사로서 고난을 견디어 내라(딤후 2:3). 아무든지 나를 따라오려거든 자기를 부인하고 날마다 자기 십자가를 지고 나를 따를지니라(눅 9:23). 이에 예수님께서 그를 보고 그를 사랑하사 그에게 이르시되 네게 한 가지 부족한 것이 있으니 네 길로 가서 네게 있는 것은 무엇이든지 팔아 가난한 사람들에게 주라 그리하면 하늘에서 네게 보화가 있으리라 그리고 와서 십자가를 지고 나를 따르라 하시매(막 10:21). 나는 우리 주 예수 그리스도의 십자가 외에 어떤 것도 자랑할 수 없나니(갈 6:14).

또한 순교한 군사들의 고매한 피가 교회의 씨앗이 된 것을 증명하는 기록으로 표현되어 있다. 이것은 영웅적 용기, 용맹, 자기 부인 그리고 많은 대가를 지불한 훈련이나 또는 훈련되어 있는 기독교를 높이고 영광스럽게 하는 문학의 몸으로 훨씬 더 표현되어 있다. 다음의 찬송가가 이 시대의 음악과 얼마나 대조적인가.

하나님의 아들이 전쟁에 간다
왕관을 얻기 위해
그의 붉은 피의 깃발이 멀리 흐른다
누가 그의 행렬을 따라가는가
누가 그의 고난의 컵을 가장 잘 마시고
고통을 이기고 승리할 수 있는가
누가 십자가 아래에서 견딜 수 있는가
그는 그의 행렬을 따라간다

– 레지날드 헤버(Reginald Heber)

수년 동안 병자들의 침상을 돌보는 도나버 펠로우십(Dohnavur Fellowship)을 이끌었던 에이미 카마이클(Amy Carmichael)은 자신이 쓴 군인의 기도(Soldier's Prayer)라는 시에서 영적 전쟁의 이상을 똑똑하게 표현했다.

당신에게 부딪치는 바람을 내가
막아줄 수 있기를 요청하는 기도로부터
내가 일어서야 한다는 두려움으로부터
내가 더 높이 올라야 한다는 망설임으로부터
오 장군님, 비단옷을 입은 자신으로부터 벗어나
당신을 따르는 군인이 되게 하소서

일을 매끄럽게 하는 교묘한 사랑으로부터
용이한 선택과 연약한 것들로부터
(따라서 영들이 기운을 받지 못하도록
십자가에 못 박히는 이 길로 가지 않도록)
당신의 갈보리를 어둡게 하는 모든 것들로부터
오 하나님의 어린 양, 나를 구원하소서

그 길에 이르는 사랑을 나에게 주소서
아무것도 두려워하지 않는 믿음을
실망으로 피곤치 않게 하는 희망을
불처럼 타오를 열정을
나를 구름이 되어 가라앉지 않게 하소서
나를 당신의 연료로, 하나님의 불꽃으로 만드소서 [1]

다음에 이어지는 C. T. 스터드(C. T. Studd)의 말에서 군인의 주제는 영원성을 부여 받았다. 만일 예수 그리스도가 하나님이고 나를 위해 죽었다면, 그를 도울 수만 있다면 어떤 희생도 나에게 큰 희생이라고 할 수 없다.

노먼 그럽(Norman Grubb)은 성령님께서 예수님의 삶에서 하셨던 것처럼 고난당하는 희생적 삶으로 신자의 삶을 몰아가는 것을 지적했다. 『치유 받지 못한 우리는 어찌하리?』(*What about Us*

---

[1] Amy Carmichael, *Gold Cord* (Fort Washington, PA: Christian Literature Crusade, 1974 and London: S.P.C.K., 1932), facing p.1. Used by permission.

Who Are Not Healed?)라는 책에서 카르멘 벤슨(Carmen Benson) 부인은 의심들, 두려움들 그리고 치유 받기를 원하지만 분명한 이유 없이 치유 받지 못하고 이상하게 계속 고통을 당하는 무수한 사람들의 혼란을 말하고 있다.

다음과 같은 질문이 생긴다. 깨지지 않는 평화와 기쁨과 번영이 있는 인생과 건강하고 행복하고 풍요가 계속되는 인생이 영적으로 우월하고 하나님께 영광을 돌리는 삶인가? 이 이상에 미치지 못하는 모든 사람은 하나님의 왕국에서 이류 시민으로 여겨지는가? 이들은 하나님의 입양된 자녀들 가운데 열등한 부류로 만족해야 하는가?

사람은 성공, 번영, 치유의 문제로 믿음을 측정하기를 좋아한다. 사람은 치유하는 기적을 일으키고 적을 부수고 승리한 그분과 우리의 영광스런 주님을 높이는 기도에 불가사의한 응답이 있다는 것을 알고 있다. 초자연적인 이적들과 표적들에 대한 증거(고후 12:12)가 성경적이어서 불신자들을 반박하고, 하나님의 사람들의 마음에 믿음을 갖도록 격려하고, 많은 영혼을 주님께로 인도한다.

그러나 명백한 패배자들은 **'어떻게'** 설명할까? 소수의 사람들은 치유되었지만 대다수의 사람들은 치유를 받지 못했다. 소수의 사람들은 치유와 번영을 요구하는 기도에 기적적인 응답을 받았지만 대부분의 사람들은 그렇지 못했다. 이 범주에 있는 모든 사람은 포기하고 자기연민과 패배감으로 허우적대야 할까? 치유 받지 못했거나 또는 극심한 가난에서 구제되지 못한 수많은 사람은 왕국의 이류 시민으로 규정되어야 한다는 결론을 내려야 할까? 치유 받고 물질적으로 축복받은 소수의 선택 받은 사람들은 하나님의 선택을 받은 소수로 통과된 반면, 치유를 받지 못한 사람은 영적 열등감과 하나님께 이순위 밖에 안 된다는 의혹으로 실망하여 아파해야 할까?

아니면, '경제적으로 궁핍하거나 또는 육체적으로 괴롭힘을 당하며 남아 있는 대다수의 사람들이 지금 현재 초자연적 구원의 은혜를 받은 사람들만큼 천국에 거대한 공헌을 하고, 하나님의 마음에 많은 기쁨을 주고, 거대하고 영원한 보상을 받는 것이 가능할까?'

이 질문에 긍정적인 대답을 받을 지도 모른다는 생각이 드는가?

우리의 잠시 받는 환난의 경한 것이 지극히 크고 영원한 영광의 중한 것을 우리에게 이루게 함이니 우리의 돌아보는 것은 보이는 것이 아니요 보이지 않는 것이니 보이는 것은 잠간이요 보이지 않는 것은 영원함이니라(고후 4:17-18).

우리가 잠시 받는 가벼운 고난(지난 시간의 이 가벼운 고민)이 결코 끝나지 않을 축복과 모든 비교와 모든 계산과 광대하고 뛰어난 영광을 훨씬 뛰어넘는, 측정할 수 없는 영원한 영광의 무거운 것을 우리를 위해 더욱 더 풍성하게 준비하고 생산하고 성취한다! 우리는 보이는 것들을 생각하고 보지 못하고 보이지 않는 것들을 생각하고 보기 때문이다. 보이는 것들은 잠깐 있을 뿐이나(덧없는 신념), 보이지 않는 것들은 죽지 않고 영원하기 때문이다(고후

4:17-18).

사실 신실한 신자에게 고난이 설득하고 있는 것은 보이지 않는 것이 궁극적인 최고의 본질이고 현재 보이는 것들은 덧없고 상대적일 뿐이라는 것이 믿음에 예시되어 있다.

Don't Waste Your Sorrows

제1장

영광은 어떤 대가를?

고린도후서 4장에 있는 이 구절을 이해하기 위해서는 고난이라는 단어를 정의하는 것이 필요하다. 사도 바울은 기본적으로 자신과 초대교회의 그리스도인들이 헌신하여 복음을 전하며 직면한 박해, 반대, 상실한 것들과 어려운 고난들을 말하고 있는 것 같다.

사도 바울 자신이 겪었던 것들은 부분적으로 고린도후서 11:23-33에 자세히 기록된다. 이런 경험들 가운데 많은 것이 육체적 고통과 일생 동안 기억할 상처를 주었을 것이다. 많은 사람이 사도 바울의 육체의 가시(고후 12:7)가 육체적 질병이라고 말하는 것을 의심하고 있다. 이렇게 해석하는 것이 가능하지만, 고난이 될 수도 있다.

고난으로 번역된 그리스 원어는 단순히 압력을 의미한다.『웹스터 사전』(*Webster Dictionary*)에 따르면, 고난은 고통이나 고뇌를 일으키는 것이다. 이것은 슬픔이나 고난 또는 질병이나 상실, 불운 등으로 인한 두통을 암시한다.

어떤 신자들은 하나님이 훈련이 필요한 자녀나 잘못을 저지른 성인을 훈육하기 위해 육체적 질병이 아닌 다른 형태의 고난을 이용하실 것이라는 결론을 내린다. 예수님이 손수 우리의 결함들을 담당하셨고 십자가에서 우리의 고통을 담당하셨기 때문이다(사 53:4-5).

이런 이유로 사람들은 병을 훈련으로 받아들일 필요가 '전혀 없다'고 믿는다. 어떤 사람들은 구원에 필요한 대가를 지불했기 때문에, 하나님은 고난을 통해 가르치는 새로운 가르침을 배우기 위해 신자는 기다리지 않고 즉시 해결을 받는 믿음의 훈련을 해야 한다고 주장한다.

이것은 사도 바울이 고린도전서 11:28-32을 이해한 것과 정반대인 것 같다.

> 사람이 자기를 살피고 그 후에야 이 떡을 먹고 이 잔을 마실지니 주의 몸을 분변치 못하고 먹고 마시는 자는 자기의 죄를 먹고 마시는 것이니라 이러므로 너희 중에 약한 자와 병든 자가 많고 잠자는 자도 적지 아니하니 우리가 우리를 살폈으면 판단을 받지 아니하려니와 우리가 판단을 받는 것은 주께 징계를 받는 것이니 이는 우리로 세상과 함께 죄 정함을 받지 않게 하려 하심이라

이 말씀에서 하나님이 신자들을 훈육하기 위해 육체적 고통을

이용하는 것처럼 보인다. 그렇다면 신자의 삶에서 고칠 필요가 있는 것에 관심을 갖도록 하기 위한 수단으로 주님이 질병을 제거한다는 것은 믿기 어렵다. 알렉산더 맥클라렌(Alexander Maclaren)은 모든 고난은 하나님 마음의 메시지를 가져온다고 말했다. 워치만 니(Watchman Nee)는 우리는 고난이 아니고는 하나님에 대해 새로운 것을 결코 배울 수 없다고 말했다. 다윗은 (분명히 육체적으로) 고난당하기 전에는 내가 그릇 행하였더니 이제는 주의 말씀을 지키나이다… 고난당하는 것이 내게 유익이라 이로 인하여 내가 주의 율례를 배우게 되었나이다(시 119:67, 71)라고 말했다. 마지막으로 욥은 육체적 고난을 통하여 하나님의 훈련을 받은 예가 된다.

따라서 비록 예수님이 우리의 결함들을 담당하시고 우리의 고통을 대신 지셨을지라도, 하나님은 자녀들을 단련하기 위해 육체적 고난을 이용하는 것 같다. 사도 바울이 말한 것처럼 가벼운 고난이 하나님께 순종하고 하나님을 신뢰하는 하나님의 자녀를 위해 훨씬 더 뛰어나고 영원한 영광의 무거운 것을 이룬다는 것에 병과 질환을 제외시킬 필요가 없다.

우리가 고난에 대한 이 해석을 받아들이면, 사도 바울은 육체적 고통이나 고난(치유가 일어나지 않을 지라도)을 포함하여 고난을 일으키는 원인이 우리를 위해 작용한다고 말한다. 만일 이것이 가능하다면, 육체적으로 고통을 당하고 있고 치유를 받지 못한 신자들은 한탄이나 애도, 자기 연민과 우울해 하는 것을 중지하고, 자신들의 고난과 슬픔을 영원한 영광의 무거운 것으로 변화시킬 수 있는 방법을 찾아야 할 것이다. 이 책은 고난을 변화시키는 방법을 찾도록 도울 것이다.

1. 인생의 가장 심각한 문제

죄 이외에, 죄의 원인이 되는 슬픔이 인생의 가장 심각한 문제다. 『신약과 위클리프 성경 주석』(*The New Testament and Wycliffe Bible Commentary*, 665)에 따르면 '작용하다'로 번역된 동사가 원본에서는 '창조하다'는 뜻이다. 이것이 사실이라면, 사도 바울은 우리의 가벼운 고난을 적절하게 받아들이는 것이 고난으로 인한 고통의 모든 분량을 훨씬 뛰어넘는 영원한 영광의 무게를 우리를 위해 실제로 창조하거나 또는 생산한다고 말하고 있다. 따라서 이것을 잊지 않고 마음에 품고, 저항하고 대항하여 헛되이 하지 않아야 한다.

사도 바울은 로마서 8:18에 있는 생각하건대 현재의 고난은 장차 우리에게 나타날 영광과 족히 비교할 수 없다는 이 주제에 관한 성경 말씀(고후 4:17-18)이 영광스런 진리를 더욱 강조하고 있다. 또한 로마서 5:3-5에서도 부연하고 있다. 다만 이뿐 아니라 우리가 환난 중에도 기뻐하나니 환난은 인내를 인내는 연단을 연단은 소망을 이루는 줄 앎이로라 소망이 부끄럽게 아니함은 우리에게 주신 성령으로 말미암아 하나님의 사랑이 우리 마음에 부은 바 됨이니.

이것이 많은 사람이 순수하게 바라고 있는 생각이고, 이것을 받아들이는 것은 자신 있는 체 하는 것에 지나지 않는다. 견고한 논리와 성경적 사실에 근거한 이러한 개념이 사기를 증진시키는 것 이상이라는 것을 보여준다.

슬픔 또는 고난이 아마 모든 세대에 걸쳐 신자들에게 가장 심각한 문제였다고 생각했다. 고난은 유용하다고 생각되지 않았을 뿐만 아니라 또한 회피하고, 모면해야 하는 것이었다. 그러나 하나님 말씀에 따르면, 고난은 사건이 아니라 마음에 품어야 할 선물이다. 이것이 영원한 지위, 명예, 명성을 확장시킬 것이기 때문이다.

2. 우주적 고난

타락한 세상에서 어떤 고난은 우주적이다. 지위, 거룩한 삶, 건강, 또는 재산을 가지고도 이것에서 영원히 벗어나거나 도망칠 수 없다. 인생은 고난을 위하여 났나니 불티가 위로 날음 같으니라(욥 5:7). 세상에서는 너희가 환난을 당하나(요 16:33). 우리로 이것을 당하게 세우신 줄을 너희가 친히 알리라 우리가 너희와 함께 있을 때에 장차 받을 환난을 너희에게 미리 말하였더니 과연 그렇게 된 것을 너희가 아느니라(살전 3:3-4). 따라서 문제는 성인과 죄인 모두에게 온다.

3. 죄인에게는 슬픔이 있다

죄인에게 슬픔이 있다는 것에 우리는 놀라지 않는다. 악을 행하는 각 사람의 혼 위에 환난과 곤고가 닥치리니(롬 2:9). 고난과 슬픔에는 항상 죄가 따른다는 것을 우리는 이해한다. 이것은 불변의 법칙이다. 비록 죄인이 이것을 파악하지 못할 지라도, 죄와 슬픔은 동의어이다. 죄의 삯은 사망이요(롬 6:23).

4. 왜 성인이 고난당하는가?

그런데 '왜' 의로운 사람들이 고난당해야 하는가? 왜 모든 신자들이 해결을 받지 못하는가, 왜 즉시 치유를 받지 못하는가? 왜 신자가 편안하게 융단을 타고 하늘을 날지 못하는가? 왜 신자가 상을 받기 위해 싸우고 피바다를 항해해야 하는가? 왜 성인에게 슬픔이 오는지 대부분의 사람들은 이해하기 어렵다. 이것은 그 세대들의 신비 중에 하나다. 그러나 수반된 신비에도 불구하고, 하나님은 사랑이고, 고린도후서 4:17-18에 따르면, 그분은 오직 영원한 영광의 중한 것을 그에게 작용(창조)하기 위해 성인에게 고난을 허용한다는 것을 우리는 알고 있다. 아무도 고난 없이 성인이 될 수 없다. 적절하게 받아들인 고난이 영광에 이르는 통로가 되기 때문이다.

제2장

우주에서 가장 큰 고난당한 분

1. 신의 고난

우주에서 인간만이 고난당하고 있는 것은 아니다. 죄를 벌할 것을 명한 하나님은 마음대로 하고, 자신의 명령에 영향을 받지 않는다고 추정하는 경향이 있다. 추측하는 것은 그가 죄를 짓는 피조물에게 강요하는 벌로 인한 고난을 전혀 받지 않는다는 것이다. 그가 완전히 고립된 상아탑의 사람들에게 슬픔과 비통한 마음을 주는 분노의 벼락을 내리친다고 생각한다. 비록 그가 지금 슬픔이 지배하는 세상을 창조했을지라도, 그는 파멸과 고통으로 인한 상처를 입지 않고, 면제받고, 영향 받지 않고 앉아 있다고 고소한다.

'그러나 그렇지 않다.' 영원히 행복한 하나님은 우주에서 가장 고통을 당하는 분이라는 말에 놀랄 것이다. 영원부터 세상을 말씀으로 창조하기 전에 천사들이나 천사장(長)이나, 케루빔(하나님을 섬기며 옥좌를 떠받치는 천사: 창 3:24 – 역주)이나 세라핌(인간과 닮은 모습으로 세 쌍의 날개를 갖춘 천사: 사 6:2, 6 – 역주)전에, 인류의 첫 사람이 하나님의 형상을 따라 창조되기 전에, 하나님은 인간의 타락을 예상하셨고 인간을 구원할 계획을 하셨다. 그리고 그는 신의 고난 없이는 이 계획이 이루어지지 않을 것을 아셨다. 고난에서 면제된(보호받은) 그를 하나님으로 경배할 수 없을 것이다. 신성한 성품의 정수인 '아가페' 사랑이 결여되어 있기 때문이다. 이것은 '죽임을 당한 어린 양'이었다. 인간으로 고난당한 권능과 부와 지혜와 힘과 존귀와 영광과 찬송을 받기에 합당한(계 5:12) 요한계시록의 무수한 영광을 받고 군중의 찬양을 받은 '그였다'.

2. 하나님의 목적 – 확대 가족

하나님의 본래의 창조 목적은 창조되었을 뿐만 아니라, 또한 새롭게 생성되거나 거듭 난 바로 그의 확대 가족을 얻는 것이었다. "하나님은 우리가 자기 앞에서 거룩하고 흠이 없게 하려고 세상을 창조하시기 전에 그리스도 안에서 우리를 선택하셨습니다. 그리고 우리를 사랑했기 때문에 하나님은 예수 그리스도를 통하여 그의 기뻐하시는 뜻을 따라 우리를 자기 자녀로 입양하기로 예정하셨습니다(엡 1:4-5, 현대인의 성경). 하나님은 미리 아신 사람들이 자기 아들의 모습을 닮게 하려고 그들을 예정하시고 그리스도가 많은 성도 가운데 맏아들이 되게 하셨습니다"(롬 8:29, 현대인의 성경).

3. 확대 가족의 목표

그러나 이것이 전부가 아니다. 이 확대 가족의 목표는 신부, 즉 어린양의 아내(계 21:9)라 불리는 아들의 영원한 동반자를 주는 것이다. 하나님의 계획에서 영원한 동반자는 어린양의 혼인잔치에 신랑과 함께 통치자로서 훈련되어 우주의 왕좌로 승진하게 되는 것이다(계 3:21, 19:7, 9). 그러나 하나님은 그의 신부가 끝없는 고난을 당하지 않고는 신성을 얻지 못할 것이라는 것을 알고 있다. 그는 또한 신부가 고난당하지 않고는 여왕의 역할을 충실하게 준비할 수 없다는 것을 알고 계신다. '하나님이 그의 아들의 영원한 동반자를 얻기 위한 창조의 목적을 인식했다면, 신부는 고난당해야 했다.' 이것은 피할 수 없었다. '신부가 그분과 함께 다스릴 자격을 갖추려면 그녀 또한 고난당해야 한다.' 이것은 디모데후서 2:12에 우리가 고난당하면 또한 그분과 함께 통치하리라고 묘사되어 있다. '따라서 하나님의 세계에서 고난은 타고나는 것이다.' 이것은 진리이기 때문에 고난은 무한한 가치가 있는 봉사를 하게 한다. 이것이 가장 중요하다.

4. 하나님의 섭리로 타고난 고난

하나님은 그의 신부 간택 과정에서 자발적인 사랑을 원하셨기 때문에, 신부 자리를 차지하기 위한 경쟁을 선택사항으로 줄 수밖에 없었다. 이 선택사항은 타락의 가능성을 수반하고 있다. 죄는

대가를 요구한다. 속죄는 고난을 요구한다. '따라서 영원부터 모든 고난은 하나님의 섭리를 가지고 있다.'

5. 자발적인 사랑의 비용

하나님이 창조와 구원계획을 품으셨을 때, 그는 이미 인류의 타락을 아셨고 끝없는 고난, 즉 죄의 결과로 인한 질병, 슬픔, 고난, 고통과 함께 세상의 누적된 죄에 대한 총체적 결과에 대해 그가 고난당하실 필요가 있다는 사실을 알고 받아들였다. 그는 우주의 도덕률을 위반한 대가로 영원한 정의가 요구하는 필수적인 고난을 직접 충분히 경험하지 않고는 완전한 속죄를 할 수 없다는 것을 아셨다. 따라서 그는 인간으로 세상에 오실 것을 계획하셨고, 바로 하나님이면서 사람이 된 예수님이다. "그는 친히 육체로 거하는 동안에 자기를 사망으로부터 능히 구원하실 분에게 강렬한 부르짖음과 눈물로 기도와 간구를 드리셨고 또 친히 두려워하셨으므로 하나님께서 들으셨느니라. 그는 아들이실지라도 친히 고난 받으신 일들로 말미암아 순종하기를 배우사"(히 5:7-8). '그는 또한 죄인의 죄에 수반되는 똑같은 고난의 질과 강도가 한다는 것을 이미 아셨다.'

6. 장부에 기록하는 과정이 아니다

하나님이 그의 영원한 동반자를 얻기 위해 인류의 누적된 죄의 벌과 그 결과인 고난을 자원하여 담당하기로 한 것은 대가를 지불하기 위한 논리적이고 필연적인 귀결이다. 만일 예수님이 사람으로서 인류의 죄에 대한 벌을 실제로 온전히 경험하지 않았다면, 속죄는 영원한 정의를 만족시킬 방법이 없는 단순히 장부에 기록하는 과정이 되었을 것이다. 인류의 죄를 간단히 무시한다면 영원한 정의는 존재할 수 없을 것이기 때문이다. 우주의 법제에서, 누군가는 인류의 죄에 대해 법이 요구하는 수치의 처벌을 지불해야 한다. 이것이 요한계시록 13:8에 있는 어린 양, 그리스도가 창세로부터 죽임을 당한 어린양이 되었다고 전해지는 이유다. 따라서 '우주적 고난은 도의상 타고난다.'

Don't Waste Your Sorrows

제3장

도덕적 우주

1. 세 종류의 사랑

우주에서 도덕은 무슨 의미인가? '이것은 가장 높은 사랑의 법이다.' '왜냐하면 사랑은 법을 실행하기 때문이다.' 이것은 우주에 있는 모든 영혼, 하나님, 사람, 또는 천사와 같은 존재에게 모든 의무를 수행하도록 한다. 따라서 도덕적 질서에서 가장 기본이 되는 성질은 '아가페' 사랑이다. 그리스어에 사랑으로 번역된 단어는 세 개이다. 이성간의 사랑인 '에로스'(eros)와 친구간의 사랑인 '필로스'(philos) 그리고 하나님 그분을 나타내는 사랑인 '아가페'다. '아가페' 사랑은 사랑의 목적이 뛰어나거나 또는 가치가 있기 때문이 아니라, 타고난 성질 때문에 사랑하는 사랑이다. 성경사전에 따르면, 이것은 자발적이고 자동적인 사랑이다. 태양은 빛나는 성질 때문에 향기로운 꽃밭에도 그리고 지독한 냄새가 나는 거름더미에도 동등하게 비친다. 그렇게 하지 않을 수 없다. 이처럼 하나님의 사랑도 선하고 악한 사람들을 똑같이 품듯이, 의로운 사람들과 불의한 사람들에게 똑같이 햇빛을 비추고 비를 주는 축복을 준다(마 5:45). '하나님은 사랑이시다'(요일 4:8). 그는 의인화된 사랑이다. 그는 그의 본질인 사랑으로 구성되어 있다. 고린도전서 13장은 '아가페' 사랑에 대해 하나님의 영감으로 설명한 것이다. '아가페' 사랑은 기본적으로 감정이 아니라 적극적이고 선한 의지와 희생적이고 외적으로 나타내는 호의다. 이것은 혼의 윤리다.

2. 전능한 사랑

하나님은 (아가페) 사랑이기 때문에, '사랑은 우주에서 전능의 원리가 되어야 한다. 그렇지 않으면 하나님은 하나님이 되실 수 없을 것이다.' 삼단논법은 다음과 같이 말한다. 하나님은 전능하시다. 하나님은 사랑이다. 따라서 사랑은 전능하다. '이것은 진리이기 때문에, 사랑은 우주에서 모든 것을 인내하고 영원하고 최고가 되는 원리다.' 사탄이 이 원리에 도전했다가 실패했다. 요한계시록 12장에 따르면, 하늘나라에 전쟁이 있었고 사탄과 그의 천사들은 쫓겨났다. 그러나 사탄은 아직도 잔인한 힘이 사랑보다 더 능력이 있다고 믿고 있다. 사탄은 요한계시록의 짐승 뒤에 있는 힘이다. 그리고 현대 사탄주의는 아직도 하나님을 권좌에서 몰아낼 것을 기대하고 있다.

'사탄의 경전'에 따르면, 십자가는 나무에 매달려 있는 빛바랜 무능력을 상징한다. '사탄의 의식'에서 사탄은 지구를 다스리는 형언할 수 없는 어둠의 왕자로 불린다. 더 나아가 사탄은 베들레헴의 영원한 천함, 저주받은 나사렛 사람, 무력한 왕, 도망하고 침묵하는 하나님, 사탄의 주권을 지독하게 경멸하는 거짓 주장하는 자로 불리는 그리스도로부터 주도권을 빼앗으려는 것처럼 보인다.

사탄은 지구를 다스리는 루시퍼로 그리고 멸망으로 휘청거리는 기독교의 앞잡이들을 보낼 루시퍼로 묘사되어 있다. 사탄은 또한 하늘의 문들을 부수기 위해 보내진 반면, 두려움으로 웅크리고 떨며 사탄 앞에 엎드려 있는 그리스도의 천사들과 케루빔과 세라핌과 함께 있는 빛의 주님으로 그려져 있다.

3. 사랑의 최후의 승리

요한계시록은 다른 이야기를 한다. 잔인한 세력을 대표하는 거친 짐승과 죽임을 당한 어린양 사이의 갈등을 그리고 있다. 갈등의 끝은 짐승이 영원히 사라지고 어린양은 함께 통치할 신부와 함께 우주의 왕좌에 앉아있다. '사랑이 이겼다!' 하늘이 요란하게 큰 소리로 사라질 때, 하늘을 형성한 요소가 뜨거운 열기로 녹게 될 것이고, 땅과 땅에 속해 있던 것들은 불타 없어질 것이다, 오랜 시간이 지나면 땅의 왕좌들과 왕국들은 무너질 것이다. 파괴되고 제거된 세상이 새 하늘과 의로운 사람들이 거하는 새 땅으로 대체될 때, 사랑의 언어로 된 것만이 남을 것이다. '이 사랑은 지금, 설레는 이 순간에도 존재하고, 최고의 법이고 모든 적들보다 더 오래 존속할 것이다.'

4. 이 땅에서의 삶의 목적

'이것은 진리이기 때문에, '아가페' 사랑을 그리스도 안에서 의인화된 것으로 배우는 것이 이 땅에 살고 있는 삶의 최고의 목적이다.' 이것은 하나님이 그의 자녀가 되도록 허용한 뜻이다. '이 시대에서 하나님의 기본적인 임무는 그의 전능한 명령으로 세상을 통제하는 것이 아니라, 그의 신부로 간택된 사람들에게 왕좌를 준비하기 위해 '아가페' 사랑의 교훈을 가르치는 것이다.' 그는 이 일과 관련하여 구속의 영역에서 모든 것을 한다. 따라서 하나님은 그의 신부의 신분을 가질 사람들을 얻어 '아가페' 사랑 안에서 그들을 성숙하게 할 목적으로 하나하나의 사건들, 즉 슬픔이나 기쁨, 파멸이나 축복, 고통이나 즐거움 등 예외 없이 모든 것들을 이용하고 계신다. '따라서 이 땅에서 인생의 최고의 목적은 즐거움, 명성, 부, 또는 그 외의 형태의 세상의 성공이 아니라 '아가페' 사랑을 배우는 것이다. 우주(하나님의 왕국)의 최고의 사회 질서에서 지위는 재능, 매력 있는 성격, 지적 통찰력, 세상의 성공과 풍족함으로 결정되는 것이 아니라, 오직 한 가지 '아가페' 사랑으로 결정된다.'

"예수님께서 그들을 불러 이르시되, 이방인들의 통치자들이 그들에게 지배권을 행사하고 큰 자들이 그들에게 권위를 행사하는 것을 너희가 알거니와 너희끼리는 그리하지 말지니 너희 중에 누구든지 크게 되고자 하는 자는 너희를 섬기는 자가 되고 너희 중에 누구든지 으뜸이 되고자 하는 자는 너희 종이 될지니라 이와 같이 사람의 아들도 섬김을 받으러 오지 아니하고 도리어 섬기며 자기 생명을 많은 사람의 대속물로 주려고 왔느니라"(마 20:25-28).

5. 사랑은 고난당한다

자신을 주지 않는 사랑은 없다. 고통 없이 자신을 주는 것은 없다. 따라서 고난 없는 사랑은 없다. '고난은 '아가페' 사랑에서 가장 중요한 요소이기 때문에 도덕적 우주에서 가장 중요한 요소다.' 하나님도 대가 없이 사랑할 수 없다. 만일 여러분이 한없이 행복한 하나님이 고난당하지 않을 것이라고 생각한다면, 그의 아들이 죄인으로 그리고 십자가에서 죄의 재물의 대가로 치러진 것을 생각해 보라. 하나님이 죄가 없는 아들에게 등을 돌리고, 죄를 짓지 않았지만 우리를 위해 '죄가 되신'(고후 5:21) 아들을 외면하고 버리신 대가를 생각해 보라. 또한 하나님께서 그의 사랑이신 아들을 지옥으로 내려 보내시고 사탄과 악마들을 즐겁게 하는 고문에 넘겨지는 것을 보아야 하는 대가를 생각해 보라(엡 4:9; 행 2:27). 그리고 하나님이 모든 인류의 누적된 범죄로 인해, 죄에 대해 활활 타오르는 그의 분노를 십자가와 지옥에서 그 아들에게 퍼부은 대가를 생각해 보라(히 2:9).[2]

---

2) Paul E. Billheimer, *Destined for the Throne* (Fort Washington, PA: Christian Literature Crusade, 1975), chapter 6.

6. 사랑은 자원하여 고난당한다

사도 바울은 "사랑은 고난당한다"(고전 13:4)고 말했다. 사랑은 자원하여 고난당한다는 의미다. 하나님은 사랑이다. 그리고 자원하여 고난당하지 않는 사랑은 없다. 고난당하는 것을 자원하여 받아들이지 않는 사랑은 잘못된 사랑이다. 사랑의 핵심은 자기중심이 아니기 때문이다. 즉 타인을 위해 자신을 거부하는 것이다. 자원하여 고난당하지 않으면 자기 부인이 없다. '따라서 우주의 절대적 가치에, 고난 없는 성질은 없다. 고난당하는 사랑은 우주의 모퉁이 돌이 된다. 고난 없이는 자기 부인이 없고 따라서 '아가페' 사랑이 없기 때문이다.' 자원하여 고난당한 적이 없는 사람은 완전히 이기적이다. '오직 많은 고난당한 사람들이 진정으로 선하다. 고난당하지 않은 성인은 없다.'

제4장

법적인 구원

1. 그리스도의 고난을 통한 합법적 구원

그리스도는 사람으로 그리고 신으로 죄의 총체적 결과를 받아들이지 않으면 완전한 속죄를 할 수 없었기 때문에, 그리스도처럼 아직 경험하지 않은 좌절이나 마음의 고통, 슬픔, 아픔을 당한 인간은 없다.

위대한 속죄의 장, 이사야 53장은 "참으로 그는 우리의 고통을 짊어지고 우리의 슬픔을 담당하였거늘 우리는 그가 매를 맞고 하나님께 맞아 고난당한다고 생각하였노라 그러나 그는 우리의 범죄들로 인해 부상을 당하고 우리의 불법들로 인해 상하였노라 그가 징벌을 받음으로 우리가 화평을 누리고 그가 채찍에 맞음으로 우리가 고침을 받았도다"(사 53:4-5)라고 주장한다. 그리스도의 구원사역의 관점에서, 마태는 이것을 "그가 친히 우리의 연약함을 담당하고 우리의 질병을 짊어졌도다"(마 8:17)라고 말한다.

이사야 53:6에 "우리는 다 양 같아서 길을 잃고 각각 자기 길로 갔거늘 주께서는 우리 모두의 불법을 그에게 담당 시키셨도다"고 말한다. 따라서 아담의 모든 자손들의 누적된 총체적 처벌, 모든 슬픔, 고난, 고통, 빈곤과 질병 등의 죄의 결과가 그에게 돌려졌다. 고난당하고 있는 신자들에게 이 모든 불법의 의미가 무엇인가? '모든 거듭난 신자들은 타락과 죄로 인한 모든 쓴 열매들과 총체적인 벌에서 법적으로 구원을 받았다는 의미다. 이 벌은 법적으로 다시 거론될 수 없다.' 이 선지자는 그가 채찍에 맞음으로 우리가 고침을 받았다고 말했다. '그렇다면 모든 신자는 법적으로 모든 질병, 아픔, 고통, 슬픔, 빈곤과 모든 종류의 한계로부터 구원을 받았다.'

2. 법적 구원이란 무엇인가?

아담의 타락을 통하여 그의 모든 자손은 정말 사탄의 종이 되었다. 사탄은 그들을 죽일 힘을 가지고 있었다. 그러나 예수님이 인간 아버지 없이 처녀 마리아에게 태어나 전적으로 아담의 아들이 아니었기 때문에 사탄은 그분을 손댈 법적 권리가 없었다. 사탄은 형벌을 면하기 위해 미리 수백만을 죽였다. 그가 예수님을 십자가에서 '불법으로' 죽였을 때, 사탄은 역사적으로 최초의 법적인 살인자가 되었다. 이것이 그를 사형 당하도록 했다. 사형을 선고 받은 사람은 법적인 신분, 권리 또는 청구권이 없다. 그는 법적으로 말살되었다. 히브리서 저자가 예수 그리스도가 죽음을 통해

"죽음의 권능을 가진 자 곧 마귀를 멸하고"(히 2:14)라는 의미이다. 따라서 갈보리 십자가 이후 사탄은 신자들 어느 누구에게도 '법적인 권리를 행사할 수 없게' 되었다. 신자의 믿음이 그가 어둠의 왕국(사탄의 권위)을 "하나님의 사랑하는 아들의 왕국"(골 1:13)으로 변하도록 했다.

비록 사탄이 법적으로 신자들에게 법적인 권위를 행사할 수 없다 해도, 하나님은 간택된 신부가 "아가페' 사랑을 배우도록' 훈련하기 위해 적으로 사탄을 이용한다. 따라서 하나님이 사탄이 그의 자녀를 괴롭히도록 허락할 때, 사탄이 그렇게 할 수 있는 법적 권리를 가지고 있어서가 아니라 하나님의 자녀가 어려움을 극복하고 '아가페' 사랑의 깊은 차원들을 배울 수 있도록 훈련하기 위해서이다. 갈보리에서 사탄이 모든 청구권들을 잃었기 때문에, 하나님의 모든 자녀들은 사탄이 주는 모든 고통과 압박에서 합법적으로 구원을 받았다. '하나님이 남아있도록 허용한 모든 것들은 오직 자녀를 훈련할 목적이다.' 사도 바울이 "우리의 가벼운 고난이 우리를 위해 이루기 위한 것"(고후 4:17-18)이라고 말했을 때, 그는 이것을 이해했다.

'지금 현재 여기서 믿음으로 고난에서 구원을 받으면, 그는 승리했다. 고난의 징조가 지속되어 '아가페' 사랑의 새로운 차원을 배웠을 때, 그는 자신의 영원한 지위를 올려놓았기 때문에 또한 승리했다.'

3. 속죄의 우주적 범위

따라서 말씀 속에 건강과 번영에 대한 완벽한 신학이 있다. 속죄가 인간에게 필요한 모든 범위를 포괄하는 즐거운 소식이라는 것을 창세기에서 요한계시록까지 말하고 있다. 32,000번 이상의 약속들이 영원히 그리고 제한된 시간에 우리의 몸과 혼과 영을 위해 필요한 모든 것을 속죄로 제공했다는 것을 확인해 주고 있다. "오직 내 하나님께서 그리스도 예수님을 통해 영광 가운데서 자신의 부요하심에 따라 너희의 모든 필요를 공급하시리라"(빌 4:19)는 말씀과 "사랑하는 자여 무엇보다도 네 혼이 형통함 같이 네가 형통하고 건강하기를 내가 바라노라"(요삼 2)는 말씀보다 더 포괄적인 것은 없다. 이 약속들은 하나님께 순종하는 사람들에게 건강과 번영을 보장하는 수천의 다른 것들에 의해 확대되고 지지받는다.

4. 건강과 번영에 대해 분명한 신학

태초부터 하나님은 이스라엘이 순종하는 한, 일시적이고 영적인 축복들을 그들에게 약속하셨다. "네가 주 네 하나님의 음성에 부지런히 귀를 기울이고 그의 눈 앞에서 옳은 것을 행하며 그의 명령들을 귀담아 듣고 그의 모든 법규를 지키면 내가 애굽 사람들에게 내린 이 질병 중 하나도 너희에게 내리지 아니하리니 나는 너를 해결하는 주니라"(출 15:26). 레위기 26:3-10과 신명기 28장에서도 하나님은 같은 약속을 하셨다.

예수님이 행한 기적들은 복음서에 사도들이 행한 기적들은 사도행전에 기록되어 있다. 야고보서 5:14-15에 "너희 가운데 병든 자가 있으냐 그는 교회의 장로들을 청할 것이요 그들은 주의 이름으로 그에게 기름을 바르며 그를 위해 기도할지니라. 믿음의 기도는 병든 자를 구원하리니 주께서 그를 일으켜 세우시리라 그가 죄들을 범하였을지라도 그것들을 용서받으리라"는 말씀으로 분명한 확증에 이른다.

5. 초대교회 - 하나님의 표준

'구원에 대한 말씀에 독특한 신학이 있듯이 건강과 번영에 대한 말씀에도 독특한 신학이 나타나 있다.' 많은 사람이 초대교회가 전 세대를 통하여 하나님의 표준이 되고, 우리는 아직도 성령님의 섭리 안에 있고, 하나님의 방법이 있으셨다면, 초대교회 때와 마찬가지로 오늘날의 교회에도 비슷한 비율로 모든 영적인 선물이 나타나고 표현되어야 한다고 믿는다. 그분께 순종하는 자녀들에게 건강과 번영은 하나님의 최초, 최선의 선택이라는 것을 많은 사람이 말씀으로 깨달아 안다. 그 외에 모든 것들이 똑같다면, 그분은 우리가 병들어 있는 것보다 건강한 것을 더 좋아하실 것이다.

'어떻게 가능할까?' 주님은 사도들에게 기도하라고 가르치셨다. "아버지의 뜻이 하늘에서 이루어진 것같이 땅에서도 이루어지이다"(마 6:10). 저 공평한 땅에는 질병이나 빈곤이 없다는 것을 확신한다. 이것들은 죄의 결과이기 때문에 하나님의 우선적인 뜻이 될 수 없다. 죄와 죄로 인한 모든 영향들이 하나님의 뜻에 반하기 때문이다. 할렐루야! 온 우주는 이런 것들이 존재하지 않는(계 21:4-5; 22:2-5) 하나님의 왕국이라 불리는 사회질서에 따라 움직이고 있다. 따라서 이것들은 그가 지배하기 위한 선택이 절대 될 수 없다. '하나님의 모든 우주적 활동은 그가 회복한 모든 창조 영역에서 죄와 죄의 결과를 완전히 제거하는 것에 맞추어져 있다.'

이 모든 것들이 사실이라면, 하나님께 순종하는 자녀가 '왜' 고난당하는가? 하나님이 그렇게 되도록 의도한 것도 아니고, 고난을 근절할 준비를 하지 않으신 것도 아니다. '우주의 궁극적 목적은 '아가페' 사랑이 최고의 법이 되는 사회질서이기 때문이다.'

제5장

고난의 신비

1. 사랑, 세상의 규범

하나님은 올 세대들에서 함께 통치할 자로 그의 왕좌에 그의 아들과 함께 앉을 신부라 불리는 영원한 동반자를 부르고 준비한다(계 3:21). 이 높은 지위에 적합하도록 신부의 신분을 가진 사람은 유한에서 무한으로 되는 것처럼 아들처럼 되어야 한다. 이들이 자신들의 고귀한 의무를 적절하게 수행하려면, '아가페' 사랑이신 하나님의 성품을 공유해야 한다. '이것이' 하나님이 영원한 사회질서를 위해 일하는 이상적인 '우주의 규범이다.' 그러나 우리가 보았듯이, 그 정도의 성품은 타락한 인간성 안에서는 고난 없이 개발될 수 없다(3장).

2. 영광과 고난

이것은 사도 바울이 받은 영감의 계시를 설명해준다. 우리가 "고난당하면 그와 함께 통치하리라"(딤후 2:12). 로마서 5:3-5에 따르면 고난은 ('아가페' 사랑)의 성품이 개발되도록 한다. 이 성품이 통치 자격의 전제 조건이다. 고난 없이는 이 성품이 개발되지 않기 때문에 고난은 통치 자격을 갖출 준비를 한다.

3. 타락으로 인한 막대한 손상

하나님은 타락하기 전의 아담을 아주 좋았더라고 말씀하셨다. 그러나 타락은 아담과 그의 모든 후손들에게 막대한 손상을 가져왔다. 이것이 인류를 자기중심적이 되도록 버려두었다. 자기중심적인 것이 모든 죄와 고통의 본질이고 자기 파괴에 이르도록 한다. 이것은 적개심의 핵심이고, 적개심은 지옥의 핵심이고, 지옥의 본질과 특징이다. 자기중심은 거룩함이나 '아가페' 사랑, 천국의 본질과 특징에 대립된다.

4. 자아분산의 필요성

하나님은 한 개인을 자신의 아들처럼 되도록 하기 위해, 사람의 자아를 분산시켜야 한다. 자아분산은 의롭게 되는 것과 새롭게 태어나는 것이 위기에 처할 때 시작되어 성화의 위기에서 또는 성령님으로 충만하기까지 계속된다. 자아분산이 필요하기 때문에 의롭게 되거나 새롭게 태어나는 것에서 끝나지 않는다. 이러한 경험은 들어가기에는 좋지만 머물기에는 좋지 않은 장소인 현관같이 초기에 겪는 것일 뿐이다. 자아가 분산되어 일어나는 성화 작용은 순간적이면서 점진적이다. 이것은 일생을 통해 지속되는 위기이고 과정이다. "여러분 가운데 선한 일을 시작하신 하나님께서 그리스도 예수님이 다시 오시는 날까지 그 일을 완성하실 것을 나는 확신합니다"(빌 1:6, 현대인의 성경).

5. 시련의 작용

만일 한 개인을 구원하려는 하나님의 최종적인 목적이 그 사람을 천국으로 오도록 하는 것이라면, 그분은 아마 즉시 영광의 자리로 그를 데려왔을 것이다. 그러나 하나님은 그가 '아가페' 사랑의 성품을 요구하는 천국에서 통치자의 자격을 갖추도록 준비하기를 원하셨다. 하나님과 같은 성품과 '아가페' 사랑을 개발하기 위해서, 성화로의 진보는 시련과 징계 없이는 불가능하다. "그 뿐 아니라 우리가 환난도 기뻐하나니 이는 환난은 인내를, 인내는 체험을, 체험은 소망을 이루는 줄 우리가 아노라. 소망이 우리를 부끄럽게 하지 아니함은 우리에게 주신 성령님에 의하여 하나님의 사랑이 우리 마음에 넓게 부어졌기 때문이니"(롬 5:3-5). "내 아들아, 너는 주의 징계를 가볍게 여기지 말며 꾸지람을 듣더라도 낙심하지 마라. 주님은 자기가 사랑하는 사람을 꾸짖고 나무라시며 그가 아들로 받아들이는 사람을 다 채찍질한다. 여러분은 고난을 징계로 알고 견디어 나가십시오. 하나님은 여러분을 아들로 대하십니다. 아버지가 징계하지 않는 아들이 있겠습니까? 아들이면 누구나 징계를 받습니다. 만일 여러분이 그런 징계를 받지 않는다면 사생아이지 진짜 아들이 아닙니다… 육체의 아버지는 그들이 좋다고 생각하는 대로 잠시 우리를 징계하지만 하나님 아버지는 우리의 유익을 위해서 우리를 징계하여 그의 거룩하심에 참여하게 하십니다. 징계를 받을 당시에는 그 징계가 달갑지 않고 괴로운 것 같지만 아프다! 후에 그것으로 단련을 받은 사람들에게는 '은혜와 성품 가운데 조용한 성장인' 의와 평안의 열매를 맺습니다"(히 12:5b-8, 10-11, 현대인의 성경).

> 나는 기쁨으로 1,600 미터 이상을 걸었다
> 기쁨은 걷는 내내 떠들어댔다
> 그러나 기쁨이 말했던 어느 것도
> 나보다 더 현명하지 못했다
>
> 나는 1,600 미터 이상을 슬퍼하며 걸었다
> 그리고 슬픔은 한 마디도 하지 않았다
> 그러나 슬픔이 나와 함께 걸을 때
> 아, 나는 슬픔으로부터 많은 것을 배웠다

6. 책망과 자녀 훈련

신자들에게 닥치는 슬픔, 고난, 시련과 고통은 기본적으로 처벌이 아니라 자녀훈련이라는 것이 앞서 말한 성경구절들과 그 외에 유사한 성경구절들을 볼 때 분명하다. 이것들은 목적이 없는 것 같지 않다. 이 땅의 부모들은 책망할 때 실수할 수 있다. 그리고 흔히 실수한다. 그러나 하나님은 실수가 없다. 그는 너무 광대하기 때문에 무한하게 보이는 우주에서 신자가 통치자의 자격을 갖추도록 준비한다. 하나님은 비록 타락한 사람이 거듭났거나, 성화되었거나 또는 성령 충만할 지라도 고난 없이는 완전히 자아분산을 할 수 없는 것 같다. 우리는 역경을 통하지 않고는 하나님에 대한 새로운 것들을 배우지 못한다고 워치만 니는 말했다. 어떤 사람들은 이 말을 과장된 표현이라고 생각하지만, 구속 아래에 있지 않다면 하나님과 깊은 관계를 추구하는 사람은 거의 없다.

7. 이스라엘의 예

이스라엘의 역사가 이것을 증명하고 있다. 이스라엘이 번영했을 때 음탕한 우상을 숭배하기 위해 순수하게 여호와를 섬기지 않았다. 이스라엘은 책망 받고 죄 고백의 강요로 인해 여호와께 돌아왔다. 하나님이 메시아를 데려올 흠 없고 순수한 한 사람을 얻기 위해 수세기 동안 노력하고 있는 동안에 이스라엘은 번영으로 타락하여 배교하고, 책망을 받아 회개하고 하나님께 돌아오는 것을 되풀이했다(삿 2:11-19; 삼상 12:9-10; 왕하 15:4, 33:12; 사 26:16).

8. 시편 저자의 예

"시편 저자의 경험이 증거하고 있다. 고난당하기 전에는 내가 길을 잃었사오나 이제는 주의 말씀을 지키고 있나이다… 고난당한 것이 내게 유익하오니 이로써 내가 주의 법규들을 배우게 되었나이다"(시 119:67, 71). 우리 가운데 하나님으로부터 멀리 떠나 방황하며 심장마비, 암, 비극적인 사건, 또는 그 외에 심각한 불행을 당하여 그분께 돌아오게 된 기독교 배경을 가지고 훈련 받은 사람들을 알 것이다.

9. 그리스도의 예

하나님의 경륜에서 고난의 의미심장함을 기술한 가장 놀라운 주석 가운데 하나는 히브리서 2장 10절이다. 자신을 위해 모든 것을 존재하게 하고 또 자신으로 말미암아 모든 것이 존재하며 그는 많은 아들을 영광으로 데려가는 일에서 그들의 구원의 대장을 '고난들을 통해 완전하게' 하심이 합당하도다. "그가 아들일지라도 친히 '고난 받으신 일들로 말미암아' 순종하기를 배우사"(히 5:8)라고 설명되어 있다. 맥클라렌에 따르면 그리스도의 경우 그의 완벽하심은 도덕적 성품을 말하는 것이 아닌 우리 구원의 창시자이고 지도자이신 그의 역사를 위한 기능을 완성하는 것을 의미했다. 고난당하기 전에, 그는 하나님의 동정을 받았다. 고난당한 후에, 그는 사람의 동정을 받았다.[1] '신약과 위클리프 성경 주석'(New Testament and Wycliffe Bible Commentary)은 고난당하여 그의 인간적 경험이 완벽하게 되었다… 고난당했기 때문에 그는 인간 구원의 우두머리(archegos, 지도자)로 섬기기 위해 이제 완전한 자격을 갖추게 되었다고 말한다.[2] 만일 영광과 통치자의 신분을 갖추도록 그리스도께 부르심을 받은 많은 아들이 고난당하여 저 영광을 위해 준비하여 완벽하게 되었다면, 그들의 우두머리는 같은 방식으로 완벽해진 자신의 인간적 경험을 가지고 길을 인도해야 한다. 그리스도의 인간적 경험이 고난당하여 완벽하게 되었다는 사실은 고난 없이는 목적도 없지만, 하나님의 경륜에서 고난이 고유하다는 것을 증명하고 있다.

10. 깨짐의 중요성

그리스도가 고난당한 것이 그의 인간적 경험을 성숙하게 했고 완벽하게 했다. 그가 타락하지 않았기 때문에 그의 인간적 도덕성의 무죄를 증명했다. 인간은 스스로 자아분산이 될 수 없기 때문에, 그리스도의 성품이 고난 없이 인간 안에 형성될 수 있는 방법은 없다. 만일 그가 고난당하지 않고 피하기로 결정한다면, 만일 그가 자연인의 삶을 살기 위하여 십자가로 가기를 거부한다면, 그

---

1) Alexander Maclaren, *Exposition of Hebrews*, 234.
2) *The New Testament and Wycliffe Bible Commentary* (Chicago: Moody Press. Copyright 1971, The Iversen-Norman Associates, New York), 909.

가 깨지지 않고 자기중심적으로 견딜 수 있는 한 견고하면, 결과적으로 그리스도와 같은 성품을 갖지 못할 것이다. 터지지 않고, 깨지지 않은 사람들은 하나님께 쓰임 받지 못한다(J. R. Miller). 사람은 의지적, 자발적으로 자기를 희생하는 고통에서 어느 정도 벗어날 수 있다. 그러나 그는 자기숭배라는 훨씬 더 큰 고통의 희생자가 된다. 그는 이 두 가지에서 벗어날 수 없다. 어떤이는 하나님이 우리가 고난당하도록 허락하지 않으면, 우리를 위해 일하지 않는다고 말했다.

11. 도덕적 선택의 고통

오스왈드 챔버스(Oswald Chambers)는 하나님은 성품적 관점에서 우리를 거룩하게 하지 않으셨다. 그분은 우리를 무죄의 관점에서 거룩하게 하셨고, 우리는 일련의 도덕적 선택을 하여 거룩한 성품인 무죄로 돌아가야 한다. 이 선택은 지속적으로 우리의 자연스런 삶을 침해하는 반작용이 될 것이라고 말한다.[3]

따라서 자기중심적 삶이 점진적으로 죽지 않고는 영적으로 진보할 수 없다. 맥클라렌은 영적 진보의 모든 발자취는 자기 사랑으로 인해 받은 상처 때문에 피 묻은 자국들을 남길 것이라고 말했다. 영적인 진보를 이루는 과정 초기부터 사람은 합법적으로 자기 삶까지도 희생할 재단들을 쌓아야 할 것이다.

---

3) Oswald Chambers, *My Utmost for His Highest* (New York: Dodd, Mead & Company, 1935), 252. Used by permission.

사람이 성화되고, 성령 충만한 후에도, 여전히 타락한 상태에 있기 때문에, 하나님과 같은 성품을 개발할 수 있는 도덕적 선택을 하는 것에는 항상 고통이 따른다. 사람들은 이 은혜를 경험한 후에, 하나님이 논의하는 영적인 삶에 남아있는 것은 아무것도 없다고 느낀다. 그러나 성화의 역사는 즉각적이면서 점진적이다. 이것은 하늘의 영광에 이르게 될 때까지 계속될 것이다.

초기 성결운동의 저자인 쉐리단 베이커(Sheridan Baker)는 그러나 성령님의 침례를 받은 후에 단련하고, 녹이고, 원만하게 하는 면에서 신자에게 이루어져야 할 것들이 많이 있다고 했다. 따라서 이것은 구원 과정의 최종 상태가 아니다… 정결해진 신자는 뉘우치고 피해야 할 무례한 태도들과 비난하고 무시하는 난폭한 말과 질병 그 자체가 제거되어 가나안 정복으로 아름답게 상징화되어 있듯이 질병으로부터 조금씩 벗어나고 있을 지라도, 그에게 붙어 있는 옛 질병의 잔재들을 이내 발견하게 될 것이라고 말했다.[4]

12. 영적으로 정지된 상태, 결함

교회의 가장 큰 결함들 가운데 하나는 거의 변함없이 은혜가 없는 상태에 있다는 것이다. 포도나무의 열매는 항상 새롭게 성장하기 때문에 열린다. 이것이 가지치기를 하는 이유다. 새로운 성장이 없는 열매는 없다. 이것이 예수님께서 열매를 맺는 모든

---

4) Sheridan Baker, *Hidden Manna* (Chicago and Boston: The Christian Witness Co., 1903), 51, 53.

가지는 깨끗하게 하사 그것이 더 많은 열매를 맺게 하시느니라(요 15:2)고 말씀하는 이유다. 가지가 민감하다면, 가지치기는 고통스러울 것이다. 그러나 고난 없이는 성장도 많은 열매도 없다.

애니 존슨 플린트(Annie Johnson Flint)가 이 진리를 아름답게 표현했다.

> 열매를 맺는 것은 가지다
> 칼을 느끼는 것도 가지다
> 더 잘 자라도록 하기 위해 가지를 치는
> 충만한 생명
>
> 모든 싹을 틔우는 어린 가지가 제거되어도
> 그리고 흔들리는 덩굴 손, 싹트는 잎사귀의
> 모든 은혜가
> 틈새에서 사라져도
>
> 오 하나님의 기쁜 삶을 빼앗기는 것 같고
> 아름다운 삶을 빼앗기는 것 같다
> 하나님의 호흡들이 먼지 속에 있다
> 모두 찢기고 멍들었다
>
> 기뻐하라, 하나님의 소원을, 꿈을
> 당신의 소망은
> 없어지게 될 것이고 사라질 것이다
> 이것은 신성한 사랑의 손이다

그 손은 칼을 쥐고, 부드럽게 건드리며,
자르고 꺾을 것이다.
하나님의 생명으로 다소 열매를 맺었던 것이
이제 많은 열매를 맺을 것이다.[5]

13. 자기 연민, 낭비

"내 아버지는 농부시니"(요 15:1). 사탄이 아니라 '나의 아버지'라고 한 예수님의 말씀은 의미가 매우 깊다. 도덕적 선택으로 인한 갈등으로 고통과 육체적 질병, 또는 상황적 좌절로 인한 슬픔과 고난이 닥칠 때, 하나님의 선한 목적을 이해하지 못하면, 우울과 좌절감을 갖게 하는 원한과 자기연민의 영으로 쉽게 떨어진다. 이런 일이 일어날 때, 사람은 자신의 영적 삶에서 패하여 성품이 왜곡된다. '그는 자신의 고난을 헛되이 하고 있다.' 하나님이 그를 자기숭배와 자기사랑에서 떼어놓기 위하여 고난을 주셨는데 그의 영적 성장을 위한 것이 오히려 파괴하는 결과를 가져온다.

14. 고통으로부터 오는 위로

사람은 자주 마담 귀용(Madame Guyon), 파니 크로스비(Fanny Crosby), 에이미 카마이클, 조지 매더슨(George Matheson)과 그

---

[5] Used by permission of Evangelical Publishers, a division of Scripture Press Publications, Ltd., Whitby, Ontario.

외의 성인들이 당했던 무능력과 병약함과 고통의 세월을 탄식하고, 심지어 의심하기까지 하는데, 하나님은 이들의 고난에서 수백만의 약해진 순례자들을 위한 달콤한 위로와 치유와 능력을 정제하셨다. 고통이 다른 사람들에게 축복이 되도록 하는 하나님의 잦은 변덕이 다음과 같이 아름답게 표현되었다.

> 고통의 압력에서
> 가장 좋은 혼의 포도주가 나온다
> 그리고 비를 내리지 않은 눈들은
> 빛을 발할 수 없다

물론 이것은 보이지 않는 것들에 비전을 고정시킨 사람들만이 알 수 있는 영원한 영광의 무게가 아니라, 일시적 상황만을 묘사하고 있다.

15. 고통에서 온 성품

어떤 자원에서 왔건, 어떤 성정에서 왔건, 어떤 정도이건, 성공하여 인정받은 것에서 왔건 간에 고난은 성품과 똑같다(롬 5:3-4). 성품('아가페' 사랑)은 가치, 즉 천국의 법적 배상금이다. 따라서 "우리가 잠시 받는 가벼운 고난이 우리를 위해 훨씬 더 뛰어나고 영원한 영광의 무거운 것을 이루느니라"(고후 4:17)이다. 즉 이것은 대단히 높은 지위다. 승리로 받아들인 고난은 천국에서는 지위를 의미한다. 비이기적인 성품을 고양하여 '아가페' 사랑을 개발하는 하나님의 방식이기 때문이다. 승리로 받아들인 고난은 자기중심의 삶을 죽이고, 자기중심에서 구원하며, 자유롭게 사랑하도록 한다.

따라서 고난당한 사람들은 장래에 엘리트, 특권 계급, 지배 귀족이 될 것이다. 또한 하늘나라에서 왕자들이 될 것이다.

16. 애통하는 자는 복이 있나니

성품을 고양하기 위해 하나님이 그의 자녀에게 허용한 선과 악은 어떤 것도 계획 없이 또는 우연히 일어난 것이 아니란 것을 이해하는 것이 필요하다. 이 모든 것은 하나님에게 이르게 하기 위한 의도다. 모든 삶은 하나님에게 이르도록 의도되었다(맥클라렌). 모든 것은 성품을 훈련할 목적을 위한 것이다. '예외는 없다.' "하나님은 결코 졸지도 아니하시고 주무시지도 아니하신다"(시 121:4). 하나님은 모든 것을 보기 때문에, 사탄은 그의 시선에서 벗어날 수 없다. 그는 결코 놀라지 않는다. 이 믿음만이 '애통하는 자는 복이 있나니'라는 말씀의 의미를 이해할 수 있도록 한다.

17. 좌절하고 고통하는 자는 복이 있나니

하나님은 사람을 속이고, 좌절을 겪도록 하여 훈련을 시킨다. 하나님은 분명히 우리를 위해 좌절과 황당한 고통을 겪지 않고는 얻어질 수 없는 목표들을 가지고 있다. '믿음은 확고한 부인이 없이는 완벽하게 될 수 없다.' 이것이 욥의 믿음을 완벽하게 하는 길이었고, 그래서 그가 나를 죽이실 지라도 나는 그를 신뢰할 것이요(욥 13:15)라고 말하게 되었다. 이것이 평가할 수 있는 성취를 의지하지 않는 믿음이다. 이것은 철저하게 좌절을 겪지 않고는 개발될 수 없다. 하나님은 사람을 분명하게 죽이지 않고서 이런 질적인 믿음을 개발할 수 없다. 사실 때로 그분은 욥의 경우처럼 거짓으로 나타날 필요가 있다. 때로 그분은 아브라함에게 이삭을 재물로 바치라는 경우처럼, 하나님의 약속과 명령이 정반대로 나타나는 신뢰할 수 없는 분처럼 보일 때도 있다. 아브라함의 경우, 믿음이 벼랑 끝으로 이끌렸다. 이것은 고통이다, 아마도 모든 것 가운데 가장 견디기 어려운 고통이었을 것이다. 사람이 이런 종류의 믿음의 시험과 시련을 극복하지 못하면, 그는 다음의 시를 지은 작가와 의견을 같이 하지 못할 것이다.

> 바다에 있는 나의 모든 배의 돛대와 돛이 부서지고 찢겨져서
> 표류하다 돌아올 지라도, 나는 의심하지 않겠다
> 악이 나에게 선을 행하는 것처럼 보일지라도
> 나는 결코 패하지 않으시는 그 손을 믿겠다
> 그리고 돛들이 찢어져서 울어도
> 나의 소망이 산산이 부서져서, 여전히 소리쳐 울어도
> 나는 그분을 신뢰한다.
>
> 고난이 비처럼 내려도, 어려움이 벌집의 벌들처럼 가득해도
> 나는 의심하지 않겠다.

내가 노력하여 다다른 고지가 근심걱정일지라도
나는 믿겠다.
그리고 십자가 아래에서 몸부림치며 신음할지라도
극심한 상실을 통해 나는 볼 것이다
가장 큰 보상을

18. 패배를 치유하는 신비

 패배는 치유를 추구하는 많은 사람을 괴롭히는 일종의 고난이다. 패배는 치유에 대한 완벽한 신학이 있다는 것을 깨닫는다. 패배는 속죄가 완벽하고 충분하다는 것을 안다. 패배는 예수님이 자신들의 질병을 지고 고통을 담당하였다는 것을 완전히 믿는다. 패배는 악마의 모든 억압에서 합법적으로 구원되었다는 것을 깨닫는다. 그러나 그 증상들에서 실질적 구원을 가져올 믿음은 얻을 수 없을 것처럼 보인다. 때로 이것은 수년간 그리고 죽을 때까지 지속된다. 소수의 사람들은 치유를 받지만 많은 사람이 치유를 받지 못한다. 소수의 사람들은 믿음을 이루어 기적적으로 회복되지만, 많은 사람은 그렇지 못하다.

Don't Waste Your Sorrows

제6장

믿음을 이루는 것보다 더 큰 믿음

1. 가장 위대한 영원한 이익

모든 사역기간 동안 그리고 최근까지도, 지금 여기서의 초자연적인 치유와 구원이 지속적인 고난을 받는 사람들보다 하나님께 더 많은 영광을 드리고 개인에게 더 많은 영원한 이익을 준다는 견고한 생각을 나는 '항상' 가지고 있었다. 치유를 받은 사람들에게 아마 이것은 사실일 것이다. 전능한 하나님은 자신이 하고 있는 것을 알고 있다. 그러나 치유를 받지 못한 사람들에게 이것은 다르지 않을까? 이 관점에 대해서 할 말이 있다. 만일 우주의 목표가 성품, 즉 '아가페' 사랑을 나누는 것이라면 그리고 만일 성품이 고난 없이 생길 수 없다면 그리고 더 나은 방법이 없다면, 고난을 통한 훈련은 이생과 영원에서 원하는 결과를 이루지 못하지 않을까? '대답은 훈련에 대한 우리의 반응에 달려 있다.' 원한과 반항은 오직 '개인의 고난을 헛되이 할 뿐이고', 반면에 겸손히 인정하고 깨지는 것이 영원한 무게의 영광을 창조할 것이다.

2. 위대한 성인은 흔히 위대한 고난을 의미한다

이 땅에서 하나님 나라에 가장 큰 공헌을 한 가장 위대한 성인들은 가장 많은 고난당한 사람들이라는 것이 이상하지 않다. 마담 귀용이 고난을 이기지 못했다면 세상은 그녀에 대해 결코 듣지 못했을 것이고 교회는 그녀의 삶의 향기로 풍성하지 못했을 것이다. 그리고 아마 하나님 나라는 가난했을 것이다. 만일 어떤 사람이 '자신의 고난을 헛되이 하면', 그렇게 한 사람은 자신이다. 자신이 순종하는 깊이에 따라, 사람의 고난은 다음 세대들의 영적 삶에 믿을 수 없을 정도로 영향을 주는 성품으로 변화된다. 그리고 천국을 더 풍성하게 할 것이다. 그녀의 삶과 증거로 영향을 받은 사람들 가운데 성인이 된 페넬론(Fenelon)이 있다. 만일 마담 귀용이 천연두 치료를 받고 나았지만 흉터자국이 남는 치명적인 고난을 받지도 않았다면, 이것이 천국에 더 좋은 것이 아니었을까? 이것이 그리스도께 더 많은 영광이 되지 않았을까? 그녀의 영원한 지위가 더 높아지지 않았을까?

3. 산을 옮기는 믿음보다 더 큰 '아가페' 사랑의 깊은 차원

마담 귀용의 영원한 가치와 봉사 그리고 영원한 왕국에 대한 헌신 때문에 그녀가 기적적인 고침을 받았다면, 아마 모든 재난을 이기는, 특히 병든 몸이 낫는 것이 그녀의 봉사와 영원한 왕국에 대한 헌신보다 더 높은 가치가 있었을 것이다. 존경하는 주님의 지혜와 선 안에서 그녀가 순종하여 승리한 믿음의 완성이 치유와 구원을 이루는 기적을 낳는 믿음을 가진 것보다 더 많은 기쁨과 만족을 그의 마음에 준 것 같다. '나는 죽을지라도 그분을 신뢰하겠다고 진정으로 말할 수 있는 믿음이 하나님의 시각으로는 산을 옮기는 믿음보다 더 귀한 것 같다. 이것은 자기희생적 사랑에서 온 것이기 때문이다.' 위대한 사도의 말씀이 이 말을 지지한다. "내가 사람의 방언과 천사의 말을 할지라도 사랑이 없으면 소리 나는 구리와 울리는 꽹과리가 되고 내가 예언하는 능이 있어 모든 비밀과 모든 지식을 알고 또 산을 옮길만한 모든 믿음이 있을지라도 사랑이 없으면 내가 아무것도 아니요"(고전 13:1-2). 이것은 마담 귀용이 고난, 고통 그리고 자녀들의 죽음과 사랑하는 사람들을 잃은 불행을 이길 수 있도록 한 주님에 대한 그녀의 사랑이었다.[1]

---

[1] 나의 경험을 요약하면, 한 쪽 눈이 천연두로 아주 심하게 아파서, 나는 눈을 잃을지도 모른다는 두려움이 있었다. 나는 눈의 한쪽 가장자리를 다쳤다. 가끔 코와 눈 사이에 고양이 생겼는데, 터질 때까지 매우 아팠다. 이것 때문에 내 머리가 너무 부어서 베개를 받칠 수 없을 정도였다. 아주 작은 소음도 나에게는 고통이었는데, 이 소음이 내 침실에 아주 큰 소리로 들리기 때문이었다. 그러나 이것이 두 가지 이유로 나에게 매우 소중한 시간이 되었다. 한 가지는 내가 방해 받지 않고 달콤한 수련을 가질 수 있는 침대에 혼자 누워있을 수 있었다는 것이고, 다른 한 가지는 내가 고난을 받고자 하는 소망에 응답해주었기 때문이다 - 소망이 너무 커서, 아주 큰 불을 끄기 위해 몸의 모든 고통이 오직 한 방울의 물만 있어도 될 것 같았다. 사실 그 때에 내가 경험한 가혹함과 엄격함은 너무 커서, 이것들이 십자가에 대한 이 욕망을 진정시키지 못했다. 이것은 그분 홀로, 자신의 십자가의 죽음이 진실로 효력을 나타내도록 한 십자가에 못 박히신 구세주이다. 다른 사람들은 편안함이나 즐거움, 일시적인 빈약한 천국에서 스스로를 축복하도록 하라. 나

치유를 찾았으나 찾지 못한 많은 사람이, 그녀가 그랬던 것처럼, 고난을 받아들여 승리함으로 하나님을 영화롭게 하는 위대한 또는 더 위대한 기회를 가지고, 천국의 법적 배상금인 '아가페' 사랑의 성품을 발전시킬 수 있지 않았을까?

4. 히브리서 11장의 믿음의 영웅들

히브리서 11장은 아마 이 질문에 빛을 비출 것이다. 32절부터 35절 상반절까지는 영화롭게, 기적적으로, 초자연적으로 구원받은 믿음의 영웅들에 대한 기록이다. 신성한 역사의 연대기 밖에서는 이와 같은 것이 없다. 사자 굴의 다니엘과 불타는 화로에 있는 3명의 히브리 친구들과 같은 기록이 가지고 있는 장대한 구원들 가운데에서 언급된 것은 연약함이 능력으로 변화되는(34절) 초자연적인 해결을 가져왔고, 다른 사람들을 죽음에서 살아나게 했다(35상).

그러나 다른 믿음의 영웅들의 순서는 35절 하반절에서 시작되고 있다. 또 어떤 이들은 더 좋은 부활을 얻고자 하여 악형을 받되 구차히 면하지 아니하였으며 또 어떤 이들은 조롱과 채찍질뿐 아니라 결박과 옥에 갇히는 시험도 받았으며 돌로 치는 것과 톱

의 소망들은 모두 다른 길로 바뀌었다. 그리스도를 위해 고통당하는 침묵의 길로 그리고 내 안의 속성이고, 나의 감각들이고, 나의 취향이고 의지가 되는 모든 동기를 통해, 이것들에 대해 죽은 존재가 되는 것이 전체적으로 그분 안에서 사는 것일 것이다.(Madame Guyon, *Madame Guyon* (자서전) (Chicago: Moody Press), 140-141.

으로 켜는 것과 시험과 칼에 죽는 것을 당하고 양과 염소의 가죽을 입고 유리하여 궁핍과 환난과 학대를 받았으니(35하 - 37). 이 사람들 또한 다 믿음으로 말미암아 증거를 받았으나 약속을 받지 못하였으니(39).

5. 신실한 인내의 영웅적 행위

고난에서 구원 받은 사람들이 그렇지 못한 사람들 보다 자신들의 믿음에 대해 더 높이 평가 받는다고 믿는 사람이 있는가? 고난 가운데 해결되지 않아서 인내하고 있는 사람들의 사랑이 고난에서 벗어난 기적을 즐거워하는 사람들만큼 높은 가치가 있다는 것을 의심하는 사람이 있는가? 사랑의 법은 영원한 사회 질서에서 최상위 법이기 때문에, 위험, 전투, 고통을 뚫고 천국에 이르는 절벽을 기어오르고, 땅속 굴에서 살며, 양 가죽과 염소 가죽을 쓰고 배회하며 자신들의 희생적 사랑을 증명한 성스러운 군사들의 사랑이 가치가 있지 않은가? 이들이 기적적으로 구원받은 사람들과 동등한 대열에 있지 않을까? '아가페' 사랑은 천국의 법적 배상금이기 때문에, 그 날에 보상금이 분배될 때, 궁핍, 불행, 고통을 감당하며 즐겁게 고뇌의 잔을 마시는 사람들이 초자연적 간섭으로 피하게 된 사람들과 동등하거나 또는 더 높은 위치에 있지 않을까?

6. 그리스도와 '함께' 고난당하는 것이 무엇인가?

우리는 대체로 사도 바울이 말하고 있는 고난을 심한 박해나 순교의 범주에서 우리를 위해 영원한 영광의 무게라로 생각한다. 그리스도를 위해 심한 박해와 순교를 당한 사람들이 25년 이전의 기독교 역사에서 있었던 것보다 25년 동안에 더 많았다고 들었다. 우리 중에 어떤 사람은 순교의 왕관을 받는 믿음과 사랑을 증명하기 위해 부르심을 받았다. 그러나 우리나라의 신자들이 받을 수 있는 불행은 공산주의 국가들에서 실행되고 있는 종류의 박해나 순교의 위험이 아니다. 우리나라의 신자들의 불행은 대체로 육체적, 경제적, 또는 성격적 갈등이다. 이런 종류의 고난도 사도 바울이 우리를 위해 이룬다고 말했던 가벼운 고난에 포함될까? 그가 우리가 고난당하면 또한 그분과 함께 통치하리라 그리고 우리가 고난당하면 함께 영광을 받으리라고 말했을 때, 이것이 그가 말하고자 했던 의미인가?

'대답은 아마도 항상 고난의 영적 가치를 결정하는 고난의 성격이 아니라 오히려 고난의 기간과 고난에 대한 사람의 반응일 것이다.' 그리스도를 위해 그리고 그리스도와 '함께' 고난당하는지 아닌지는 고난의 성격과 가혹함의 정도 보다는 고난에 직면한 사람의 영적인 질로 결정된다. 예를 들어, 난폭한 사람, 분쟁하며 불성실한 여자, 또는 감사할 줄 모르고 멸시하며 제멋대로인 아들이나 딸과 함께 달콤하게 살거나, 또는 수년 동안 또는 일생 동안 무능하고 무기력한 병자를 돌보며 희생적으로 사는 것이 그리스도를 위해 정말 심한 박해를 받는 것만큼 사랑의 깊이와 순교의 능력을 발전시킬 기회를 제공한다.

모든 불행은 하나님께 인도하기 위한 의도다. 이것은 온전한 순종, 철저한 헌신, 인내력 증강, 더 위대한 영적인 아름다움, 하나님과 사람들을 향한 더 많은 비이기적 사랑을 하도록 하기 위한 의도다. 왜냐하면 이것은 그리스도와 '함께' 그를 위해 받은 고난으로 분류될 것이다. 그가 사람 안에서 그의 목적과 결과에 이를 수 있도록 하셨기 때문이다. 이것은 진정한 순교의 영을 생산하기 위해 훈련과 응징을 하는 하나님의 거래를 일생 동안 요구한다. 어떤 성질의 고난이라도 사람 안에서 더 깊은 '아가페' 사랑의 차원이 이루어지도록 허용할 때, 사실 이것이 그리스도와 함께 고난을 받고 있는 것이 아닐까?

7. 순종의 승리

오랫동안 열심히 노력했지만 여전히 고난당하고 있는 어떤 사람을 히브리서 11장에 있는 믿음의 영웅들인 숭고한 군대에 참여하도록 할까? 사람이 질병이나 또는 자기를 십자가에 못 박는 상황들에 직면하여 순종함으로 저 숭고한 군대에 참여하는 것이 가능한가? 마담 귀용은 그렇게 했다. 그녀의 불행과 슬픔에서 승리할 수 있도록 한 영이 그녀가 구원받은 것보다 그리스도께 영광이 되었다면, 불행에서 구원받지 못한 사람들이 어려움에 직면하여 이와 같이 하는 것이 가능하지 않을까? 고난 가운데에서 용기를 내어 순종하는 태도로, 적절한 해결책을 찾지만 해결함을 받지 못한 수많은 사람이 히브리서 11장에 나온 사람들처럼 훨씬 더 뛰어나고 영원한 영광의 무게로 그들을 변화시키지 않을까? 그들이 고난을 극복하고 동등한 승리를 할 때, 대답은 예다.

8. 인내의 길을 터벅터벅 걷는 영웅적 행위

어떤 사람들에게는 순교하는 것이 일상에서 일어나는 일반적인 시련과 고난을 오랫동안 견디는 것보다 영웅적이고 위대하며 영원히 사라지지 않는 증거가 되는 것 같다. 그러나 하나님이 사랑하는 자녀를 훈련하기 위해 허용한 일반적인 슬픔, 고난, 좌절, 아픔과 고통을 인내하는 것은 비이기적인 헌신과 희생적 사랑을 한 순교와 유사한 가치가 있지 않을까? 만일 그렇다면, 순종과 감사와 찬양을 통해 상처와 손상을 준 것을 받아들이고 의기양양하게 고난당하는 사람들은 순교자들과 같은 방식으로 그들의 영원한 지위를 높이고 있을 것이다. '고난당하는 동안에 적절한 반응을 보임으로서 이들은 순교를 당한 사람들만큼 통치자로 준비되기 위해 필요한 '아가페' 사랑의 본질을 배우고 증명할 것이다.

다른 한 편으로, '자기 연민에 빠지고, 우울해 하고 반항하는 것은 고통을 헛되게 한다.' 치유를 찾았으나 찾지 못한 사람들과 하나님께 원한을 품고, 만족, 인내하지 못하고 진노하는 사람들은 '하나님이 의도한 사랑을 성장 시켜 영원한 왕국의 높은 지위를 놓치고 있다.'

제7장

인생의 가장 위대한 일 – '아가페' 사랑 배우기

1. 높은 지위에 지명된 사람들

하나님이 그의 영원한 왕국에서 특수한 일에 필요한 아주 뛰어난 성인들을 얻을 수 있는 가장 좋은 방법은 아마 갑작스러운 상실과 슬픔과 고통을 당하도록 하는 것이었나 보다. 그렇다면 주변에 있는 사람들은 치유를 받았는데, 치유를 받지 못한 사람들이 자기 연민과 우울과 절망에 빠질 필요가 없을 것 같다. 하나님은 그들을 그의 미래의 왕국에서 더 깨끗하고 고귀한 사랑을 만드는 고난을 거쳐서 얻어지는 것보다 더 높은 지위에 지명하셨을 것이다. '고통을 헛되이 하는' 좌절, 원한, 패배에 다시 빠지는 대신, 고난을 통해서 얻는 특권이 있고 이것이 자신들을 위해 일하는 동기가 된다. 이것을 주님으로부터 온 것으로 받아들이고 고난 가운데에서 즐거워하면, 잠시 받는 고난도 가볍고 훨씬 더 뛰어난 영원한 영광으로 변할 것(롬 5:3; 고후 4:17)이라고 사도 바울은 말하고 있다. '치유를 받지 못한 사람들이 이류 시민으로 인정받는 것이 아니라, 뛰어난 지위와 영원한 영광을 위해 지명을 받을 것이다.'

2. 우리의 때는 사탄의 손에 있는 것이 아니라 하나님의 손에 있다

하나님께 순종하는 자녀들의 삶에 우연히 일어나는 것은 없다. 모든 거듭난 신자들은 통치권을 위해 훈련을 받는다. 이어지는 어린 양의 결혼 만찬에서 뛰어난 지도자가 될 아들의 영원한 동반자를 훈련시키는 일을 하나님이 친히 관리감독 한다. 찔린 손들이 인간 역사의 바퀴들을 움직이고 개인 인생의 상황에 영향을 미친다(맥클라렌).

> 나의 때가 당신의 손에 있습니다.
> 나의 하나님, 나의 때가 거기에 있기를 바랍니다.
> 나의 인생, 나의 친구들, 나의 혼을 당신의 돌보심에
> 완전히 맡깁니다.
>
> 나의 때가 당신의 손에 있습니다.
> 내가 왜 의심하고 두려워해야 하나요?
> 나의 아버지의 손이 그의 자녀에게
> 불필요한 눈물을 결코 흘리지 않도록 할 것입니다.
>
> — 윌리엄 로이드(William F. Lloyd)

3. 각각의 고통에 있는 필요

'하나님은 그의 신부가 영원한 왕국에서 수행하고 봉사할 특별한 상황에 적절하게 하려고 도구들과 기구들을 특별히 손수 선택한다.' 누군가 가장 날카로운 칼이 있는 회전하는 선반이 가장 좋은 작품을 만든다고 누군가 말했다. 하나님은 성인을 만드실 때 회전하는 선반에 있는 가장 날카로운 칼을 이용한다. 그분은 고통을 주지 않고 성인을 만들지 않는다. 그러나 그는 절대로 불필요한 고통은 이용하지 않는다. 모든 것은 성인의 영원한 일과 관련된 선택이다. 대항할 수 없는 재앙에 주님, 제발 이것만은… 이라고 말하고 싶은 유혹을 받을 것이다. 작자 미상의 작가가 이것을 설명했다:

> 내가 이 질병에 걸릴 운명이 아니었습니다
> 하나님의 손이 허용했습니다
> 그는 내가 볼 수 없는 것을 보십니다
> '각 고통에는 필요가 있습니다'
> 그리고 어느 날 그는 이것을 분명하게 할 것입니다
> 이 땅에서의 상실은 천국에 이익이 됩니다
> 뒤를 보면 오로지 실들만 희망을 잃고 달려있을 뿐
> 아무것도 없는 것처럼 보이는
> 한 조각 무늬 양탄자처럼
> 그러나 양탄자 앞의 진귀한 그림은
> 작자의 보기 드문 기술과 인내를 증명하며

그의 노력에 대한 보상이 됩니다
당신은 숙련공이시고 나는 틀입니다
주님, 당신의 이름의 영광을 위하여
동시에 당신의 완벽한 이미지를 위하여

4. 이것은 내게서 온다

로라 바터 스노우(Laura A. Barter Snow)는 열왕기상 12:24을 해설하는 소책자에서 '이것은 내게서 온다' 이 진리를 아름답게 부연했다.

> 나의 아이야, 오늘 너에게 줄 메시지가 있다. 너의 귀에 폭풍우를 몰고오는 구름을 영광으로 입히고, 네가 밟을 거친 곳들을 부드럽게 할 메시지를 너에게 속삭이게 해주렴. 이것은 단세 단어로 된 짧은 것이지만, 이 말들이 너의 혼의 가장 깊은 곳으로 들어가게 하렴, 그래서 너의 지친 머리가 휴식할 수 있는 베개로 이용하렴.
> '이것은 내게서 온다'
> 네가 관심을 가지고 있는 모든 것에 나도 역시 관심을 가지고 있다고 생각해 본적이 있니? 너희에게 손을 대는 자는 그의 눈동자에 손을 대느니라(슥 2:8). 너는 내 눈에 소중하므로(사 43:4). 따라서 너를 교육하는 것이 나에게 특별한 기쁨이 된단다.

제7장 인생의 위대한 일- '아가페' 사랑 배우기 81

유혹이 너를 괴롭히고, 적이 홍수처럼 몰려올 때, 이것은 내게서 온다는 것을, 너의 연약함은 나의 능력이 필요하고 너의 안전은 내가 너를 대신해 싸우는 것에 달려있다는 것을 네가 배우도록 하겠다.

너를 이해하지 못하는 사람들, 너의 취향을 절대 고려하지 않는 사람들과 너를 숨기는 사람들로 둘러싸여 어려운 상황에 있느냐? 이것은 내게서 왔다. 나는 상황의 하나님이다. 하나님은 우연히 그가 있는 곳에 가지 않는다. 이곳이 바로 하나님이 의미한 곳이다.

겸손해지라고 요청 받은 적이 있느냐? 보아라, 내가 그런 교육을 하는 바로 그 학교에 너를 보냈다. 너의 상황들과 동료들은 나의 뜻에 따라 일하고 있을 뿐이다.

경제적 어려움을 겪고 있느냐? 수지 결산을 맞추기가 어려우냐? 내가 준 것이다. 왜냐하면 나는 너의 지갑을 운반하고 네가 나에게 의지하도록 하기 때문이다. "나는 부요한 사람이다"(빌 4:19). 나는 너에게 약속한 것들을 증명하고 싶다. "네가 이 일에서 너희가 주 너희 하나님을 믿지 아니하였도다"(신 1:32)라는 말을 하지 않기 바란다.

슬픔으로 밤을 지새우고 있느냐? 내가 준 것이다. 나는 슬퍼하고 애통해한다. 나는 세상의 위로자들이 너를 위로하지 못하게 하여, "네가 내게로 와서 영원한 위로를 받도록 했다"(살후 2:16-17). 고통과 약함으로 침대 위에 옆으로 쪼그리고 누워있지 않고, 나를 위해 위대한 일을 하기를 열망한 적이 있느냐? 이것은 내게서 온 것이다. 너의 바쁜 일상 중에 네 관심을 끌 수 없어서 나는 가장 깊은 몇 가지 가르침들을 너에게 주고 싶었다. 사람들은 오직 서서 기다리는 사람만을 섬긴다. 나의 위대한 일꾼들 가운데 소수의 일꾼들은 모든 기도의 무기를 교묘하게 쓰는 것을 배운 적극적인 봉사를 하는 사람들로부터 따돌림을 당한 사람들이다.

나는 이 거룩한 기름병을 너의 손에 준다. 나의 아이야 이것을 자유롭게 이용해라. 일어난 모든 상황, 너를 고통스럽게 하는 모든 말, 너를 조급하게 하는 모든 방해, 너의 모든 드러난 연약함에 이 기름을 바르라. 쩔림은 네가 이 모든 것들 안에서 나를 보는 것을 배울 때 사라질 것이다.

5. 하나님의 전임 사역

하나님이 우리 안에서 영원을 위해 일하지 않으면 이와 같은 감상은 없다. "거할 곳이 많은 신부를 위한 집"(요 14:2-3)을 준비하는 것 외에, 왕좌를 위해 신부를 훈련하는 것이 그의 유일한 일이다. 그 외에 어떤 우주론도 이치에 맞거나 또는 하나님의 말씀과 조화되지 않는다(롬 8:28). 이 우주론에 따르면 하나님께서 영원부터 이루신 모든 것과 그의 무한한 영역에서 지금도 일하고 있는 모든 것이 천국에서 신부의 역할을 할 수 있도록 신부를 준비시키는 것과 관련되어 있다.[2] '그녀를 위해 왕국을 준비하고 왕

---

[2] Billheimer, *Destined for the Throne*, chapter 1.

국을 위해 그녀를 준비시키는 것이 그의 전임 사역이다.' 어린양의 혼인잔치 때까지 그가 하는 모든 것은 이것에 집중되어있다.

신부들에게 일어나도록 허용된 모든 것은 철저하게 구상되었다. "하나님은 모든 지혜와 총명으로 우리에게 그런 은혜를 주신 것입니다"(엡 1:8, 현대인의 성경). 왜냐하면 그분은 우리를 너무나 잘 이해하고 항상 우리에게 가장 좋은 것이 무엇인지 알기 때문이다. 따라서 슬픔이나 고난이 오면, 이것이 우연히 또는 통제되지 못해 일어난 것이 아니라는 것을 알아야 할 것이다. 이것은 그렇게 진행될 예정이었고 사람의 영원한 행복과 진보와 영광을 위한 의도였다.

6. 회복된 높은 지위

우주의 궁극적 목표가 교회라는 것을 신봉하고 있는 우주론을 의심하는 것은 쉽다. 하나님은 그의 자녀들 중에 특히 누가 중요한 '자녀'인가를 여쭙는 것도 쉽다. 하나님이 개인적으로 사람에게 갖고 있는 최고의 관심사를 이해하려면, 삼위일체 하나님 다음으로 세상에 있는 존재들 중에서 회복된 인류가 가장 높은 순위라는 것을 기억해야 한다. 이것의 증거로 모든 거듭난 사람은 하나님 가족의 구성원이라는 것이다.[3]

새로운 출생을 통해서 우리는 선한 의도로 본래의 우주적

---

3) Billheimer, *Destined for the Throne*, chapter 2.

가족 구성원(엡 3:15), 실제로 생성된 하나님의 아들(요일 3:2), 하나님의 본성에 참여하는 자(벧후 1:4), 그분에 의해 출생하고, 그의 유전자로 수태된, 하나님의 씨 또는 하나님에게서 난 사람(요일 5:1, 18; 벧전 1:3, 23)이 되었다. 따라서 새로운 출생을 통하여 - 나는 공경하므로 말한다 - 우리는 일종의 신성의 확장인, 삼위일체 하나님께 가까운 가족이 되었다… 여기 새로운 인종이라 불리는 존재의 완전히 새롭고, 독특하고, 유일한 질서가 있다. '모든 무한한 왕국들 중에서 이와 같은 것은 없다.' [4)]

'세상에 있는 모든 다른 존재들의 질서는 만들어졌을 뿐이다. 회복된 인류는 창조되고 유전되었다.'

7. 우주에 대해 설득력 있는 유일한 설명

거듭난 사람이 자신이 어떤 사람인가를 이해하고 자신의 존재에 대한 하나님의 목적을 이해할 때, 왜 하나님께서 그에게 그렇게 끝없는 고통을 주셨는지를 더 잘 이해할 수 있다. 그는 하나님의 바로 그 사랑하는 아들이다(요일 3:2). 하나님의 은혜는 그의 모든 창조물의 가장 높은 곳에서부터 가장 낮은 곳에 있는 것까지 미친다. 그의 사랑은 단 몇 시간 동안 햇볕을 쬐고 영원히 사라지는 가장 작은 곤충에서부터 둥근 하늘의 타는 듯한 영광 가

---

4) Billheimer, *Destined for the Throne*, 35.

제7장 인생의 위대한 일- '아가페' 사랑 배우기   85

운데 있는 가장 높은 천사장에 이르기까지 모든 것을 포용한다. 그러나 오직 회복된 인류만이 하나님의 근속이고 가족 구성원들이다(엡 2:19). '이것이 그가 너무 세심하게 돌보고 사람의 머리카락까지도 헤아리는 이유다.' 이것만이 우주를 설명한다. 이것만이 이해할 수 있는 우주론이다. '헤아릴 수 없이 돌고 있는 천체와 함께 광대한 물질세계의 모든 것들은 본질적으로 중요하지 않다. 모든 것들의 가치는 하나님의 가족을 위한 계획과 목적과 관련되어 있다.' 이것은 회복된 성품과 관련되어 그는 불타는 태양과 달과 별들과 행성들이 하늘에서 이동하고 우주 공간에 있는 궤도를 돌고 있는 것과 함께 다양한 은하계의 조직보다 자녀의 머리카락 하나에도 많은 관심을 두신다.

8. 환상이 아니다

하나님이 무한한 우주 어딘가에서 하는 것이 무엇이든, 이것은 단순히 그의 능력을 표현하기 위해 하는 것이 아니다. 우주 공간의 거주자들을 위해서 하는 것도 아니다. 천사의 주인들을 위해 하는 것도 아니다. 바로 그의 소유인 가족, 그의 가족 구성원들을 위해 하는 것이다. 그가 새로운 은하를 창조한다면, 이것은 가족들을 위한 것이다. 그가 천사들의 새로운 질서를 고안한다면, 이것도 가족들을 위한 것이다(히 1:14). 그가 자신의 생명을 갈보리에서 희생하셨을 때, 이것은 천사들, 천사장들, 케루빔이나 세라핌을 위한 것이 아니었다. 또한 보이지 않는 세계의 거주자들을 위한 것도 아니었다. 그의 신부가 될, 그의 형상을 따라 만들어진 인류를 위한 것이었다. 보라 아버지께서 사랑을 우리에게 베푸사 우리가 '하나님의 아들들'이라 불리게 하셨는가 그리고 이것은 바로 '우리인 것이다'(요일 3:1)

9. 마음을 놀라게 하는 우주론

이 우주론은 인간의 마음을 놀라게 한다. 그러나 성경 말씀이 의미가 있어 이것만이 우주에 대한 설득력 있는 설명이 된다. 하나님께서 자신을 사랑하는 자들을 위하여 예비한 모든 것은 눈으로 보지 못하고 귀로도 듣지 못하고 사람의 마음으로도 생각지 못하였다 함과 같으니라(고전 2:9). 오직 모든 것 즉 하나님의 깊은 것이라도 통달하는(고전 2:10) 그의 영만이 이것을 의미 있게 할 수 있다. 사람이 희미하게나마 자신이 누구인지 깨닫고 알 때, 행복이든 고난이든 그에게 오는 모든 것은 단지 미래의 사회 질서에서 엘리트 중의 엘리트인 왕족으로 그를 준비하는 하나님의 방법이고, 훈련이 더 엄격하면 엄격할수록 그의 영원한 지위는 더 높아진다. 그 때 그는 사도 바울이 말한 것처럼 범사에 하나님께 감사하라 그리고 그를 위해 훨씬 더 뛰어난 영원한 영광의 무게를 창조하는 시련 가운데에서 기뻐할 수 있다. '오직 이 믿음만이 사람이 자신의 고난을 헛되이 하지 않고 구원받을 수 있도록 한다.'

10. '아가페' 사랑을 가르치는 하나님의 방법

밀러가 감명을 받아서 상하거나 부러지지 않은 온전한 사람들은 하나님께 전혀 쓸모가 없다고 쓴 것이 이런 믿음이었다. 이들은 전혀 쓸모가 없다. '이들은 '아가페' 사랑이 부족하기 때문이다. 밀러는 '아가페' 사랑은 배워야 하는 것'이고, 인생의 위대한 일이라고 말했다. 이것은 인생의 위대한 일이다. 사랑의 법이 영원에서 최상위법이기 때문이다. 이 사랑은 한정된 시간 안에 그리고 오직 할 수 있는 만큼의 환경인 이 땅에서만 습득될 수 있다. 인생의 모든 상황들은 사람이 영원에서 사랑의 법을 집행하기 위한 권한을 받기 위해 '아가페' 사랑을 배울 수 있도록 하는 이 한 가지 목적을 위해 준비되었다. 타고난 정서는 습득되어야 할 필요가 없지만, '아가페' 사랑은 철저하게 부서지고, 원한을 품지 않고 고난당해야만 습득된다. 킹(H. E. H. King)은 이 믿음을 다음의 시에서 아름답게 읊고 있다.

> 여기서 그리고 여기서 홀로
> 하나님을 위해 당신은 고난당하도록 주어졌습니다
> 다시 말하면 우리는 그분을 더욱 더 완벽하게 섬기고 사랑하며
> 그분을 찬양하고, 그분을 위해 일 할 것입니다
> 모든 기쁨으로 그분께 가까이 더 가까이 성장하십시요
> 그 때에 우리는 더 이상 여기서 우리의 임무인
> 고난당하는 사람이라 불리지 않을 것입니다
> 그런데 당신은 한 시간 아니면 두 시간도 견딜 수 없나요

그가 오늘 당신을 그의 십자가로 부르셨다면
구원을 요청하는 기도를 한 곳인
그 견고한 십자가에서, 다 이루었다고 말씀하십니다
당신은 후회의 열정을 생각하지 않습니다
극복했나요? 당신은 물을 것입니다, 그렇게 빨리
돌아가서 잠시 동안 고난당하게 허락해 주세요
더 인내하며 - 나는 아직 하나님을 찬양하지 못했습니다

제8장

인생의 위대한 일 – '아가페' 사랑 배우기(계속)

1. 어린양이 전리품을 취하다

초기 성결운동의 지도자인 조지 왓슨(George D. Watson)이 첫 사역에서 굉장히 실패하여 괴로워했다는 것은 알려져 있지 않다. 몇 년 후, 이 재난이 그의 삶에서 제거되어 깨끗하게 정리된 후에, 그는 하나님께서 그의 영광을 위하여 가장 완벽하게 부서진 사람들과 가장 완벽하게 부서진 것들을 이용한다고 말했다… 부를 잃어 부서지고, 자기 의지가 부서지고, 포부를 잃어 부서지고, 아름다운 이상들을 잃어 부서지고, 세상적 명예가 부서지고, 애정이 부서지고, 자주 건강으로 부서진 사람들, 속아서 철저하게 비참하고 절망하는 사람들, 이들은 성령님께서 품고있고 하나님의 영광을 위해 존재하는 사람들이다. 어린양이 전리품을 취했다(사 33:23상).

전하는 바에 의하면 비슷한 재난을 당했던 헨리 워드 비쳐(Henry Ward Beecher)는 "고난당하는 것을 두려워하지 마시오. 내팽개쳐지는 것을 두려워하지 마시오. 내던져질 뿐 파괴되지 않습니다, 흔들려 깨져서, 갈가리 찢어집니다, 이런 경험을 한 사람은 우세한 사람이 되고 주인이 됩니다"라고 말했다.

> 얻은 것으로가 아니라 잃은 것으로 당신의 삶을 측정하세요
> 포도주를 마신 것이 아니라, 포도주를 자꾸 부음으로
> 사랑의 힘은 사랑의 희생을 기반으로 하기 때문에
> 고난을 많이 당하는 사람은 줄 것을 많이 가지고 있습니다

2. 시간 – 영원의 현관

이것은 현대 심리학과 완전히 정반대다. 이것은 보이지 않는 것이 사실이고 시간은 영원의 현관일 뿐이라는 것을 이해한 사도 바울의 우주론과 분리해서는 이해되지 않는다. 현대 심리학에 따르면, 자아중심적인 세상에서 성공하기 위해서는 강한 자아가 필요하다. '그러나 미래의 물결인 그 사회 질서에서는 사랑의 법, 무욕과 비이기적인 법이 최고다.'

사람은 그 사회질서에서 기능하기 위해 분산되어야 한다. 이것은 적절하게 수용되는 깨짐을 요구한다. 이것은 이기심으로부터 철저히 구원되는 것을 보장한다. 그리고 이것은 '아가페' 사랑의 기본이다. '갈보리 사랑, 그리스도를 십자가로 이끈 사랑이 다가올

것들의 새로운 질서에서 통치하기 위한 최고의 자질이다.' 그 사랑의 자질은 타락한 세상에서 시간이 지나면서 사람이 깨짐을 인정할 때만 습득된다. '왕좌에 앉은 신부의 전임 사역은 하나님 사랑의 본성을 모든 세대에 걸쳐 온 우주에 표현하는 것이다.'

3. 부서진 바이올린

사물의 질서에서도 원리와 가치 그리고 깨어짐을 이용하는 것이 밀러의 책에 묘사되어있다. 그는 그 시대에 가장 유명한 바이올린 제작자를 고용하여 바이올린 제작을 부탁한 세계적인 바이올리니스트의 얘기를 했다. 약속한 시간에, 그 바이올리니스트는 부탁한 악기를 건네받기 위해 왔다. 이 악기를 받아 들자 그는 노련하게 활로 줄을 죽 그었다. 그의 얼굴에 대단한 실망감이 스쳤다. 예술가의 귀는 음색의 질에 만족하지 못했다. 그는 손으로 바이올린을 들어 올려 테이블에 내리쳐 부셔버렸다 그리고 약속한 가격을 지불하고 떠났다.

얼마간의 세월이 지난 후에, 그 예술가는 다시 그 바이올린 제작자를 방문했다. 테이블 위에 놓여있는 바이올린을 집어 들고 그는 다시 한 번 활로 줄을 죽 그었다. 그는 이번에는 황홀한 아름다운 소리에 기뻐했다. 그는 연주한 바이올린이 깨져 조각난 바로 그 바이올린인 것을 알고 놀랐다. 바이올린 제작자는 고통스런 마음으로 흐트러진 악기 조각들을 능숙하게 조합하여 다시 그 깨진 바이올린을 만들었다. 이제 그 예술가의 귀가 찾는 아름답고 뛰어난 소리가 났다.

4. 깨짐은 무엇을 의미하는가?

하나님과 사람들에 대한 모든 원한과 반항이 제거되지 않았으면 깨진 것이 아니다. 비판과 반대, 감사가 부족한 것에 대하여 분노하거나, 방어하거나, 또는 복수하려는 사람은 깨지지 않았다. 모든 자기 정당화와 자기 방어는 깨지지 않은 영을 속인다. 시기적절한 상황과 환경에 대한 모든 불만족과 초조함은 깨지지 않았음을 드러낸다. 진정한 깨짐은 대체로 수년에 걸친 분쇄, 마음의 고통, 슬픔을 요구한다. 그렇게 자기 의지가 포기 되고 깊은 양보와 순종이 개발된다. 이것 없는 '아가페' 사랑은 없다.

5. 깨짐은 또한 빈 것을 뜻한다

워치만 니는 말했다. 우리를 다루는 하나님의 위대한 목적은 우리를 축소시킨다. 자신의 육에 있는 자신감이 하나님 안에 있는 자신감과 믿음에 치명적이기 때문이다. 따라서 하나님은 위기 시에 사람의 필요를 채우는 능력을 베풀기 전에, 먼저 그 사람이 한계에 이르도록 한다.

사람이 깨지지 않으면, 자신의 계획과 포부와 판단한 가치들로 가득 찬다. 자기로 가득 차 있어서 하나님께 드릴 여유가 없게 된다. 이런 곳에서, 하나님은 완전한 자기 비우기, 즉 이기적 목적과 목표들을 양도하는 더 깊은 진실로 들어갈 수 없다. 대체로 이것은 자신의 육에 대한 완벽한 환멸감인 멸망의 충격으로 강타를 당하는 비참한 패배를 요구한다.

> 당신 자신의 자아를 모두 비울 수 있었다면
> 텅 빈 조가비처럼
> 그는 바다 암초 위의 당신을 발견하고
> "이것은 죽지 않았어"라고 말하고
> 당신을 그분으로 채웁니다
> 그러나 당신은 자신으로 가득 차 있습니다
> 그리고 약삭빠른 기민함이 있습니다
> 그분이 오셔서 말합니다
> "그만 하시오 그냥 두는 것이 좋겠소"
> 이것은 너무 작고 가득 차서,
> 나를 위한 공간이 없소라고 말합니다 [1]

6. 자신에 대한 더 깊은 죽음

다음에 추가된 설명은 왓슨(Watson)의 『자기에 대한 더 깊은 죽음』(*A Deeper Death to Self*)에서 발췌한 것이다.

> 죄에 대하여 죽고 혼이 정화된 후에, 많은 것 중에 자신에

---

[1] J. R. Miller, *When the Song Begins*, 39.

대하여 더 깊이 죽는다. 자신에 대하여 더 깊이 죽는다는 것은 순간순간 세세한 것들을 십자가에 못 박는다는 것이다. 자신에 대하여 십자가에 깊이 못 박힘은 혼이 헌신한 것에 완전히 동의하여 무욕의 모든 원리들을 밝히고 적용하는 것이다. 욥은 완벽한 사람이었고 모든 죄에 대하여 죽었다. 그러나 모진 고난 가운데에서, 그는 자신의 종교적 삶에 대하여 죽었고, 그의 가족에 대한 애착에 대하여 죽었고, 자신의 신학에 대하여 죽었고, 하나님의 채우심에 대한 그의 모든 견해에 대하여 죽었다, 그는 죄는 없지만 하나님과의 연합을 크게 방해하는 많은 것에 대하여 스스로 죽었다.

성화되고 성령으로 충만해진 후에, 베드로는 전통 신학과 유대의 높은 교회주의에 대하여 죽으라는 하늘로부터 오는 특별한 비전이 필요했다. '마음을 정화하고 난 후에 아주 상당한 정도의 무욕, 십자가에 못 박힘 그리고 하나님께 자신을 유기하는 일이 일어났다.' 죄가 되지 않는 것들이 수없이 많다. 그럼에도 불구하고 우리가 이것들에 애착을 두는 것이 성령 충만하여 하나님과 충분히 협력하는 것을 방해한다. 무한한 지혜가 우리를 이용하여 깊은 내적인 십자가의 죽음을 통하여 우리의 좋은 부분들에, 고상한 이유에, 가장 밝은 소망들에, 불쌍히 여기는 애정에, 종교적 견해들에, 가장 사랑하는 우정에, 경건의 열정에, 영적인 성급함에, 좁은 문화에, 교리와 교회주의에, 성공에, 종교적 경험들에, 영적인 위로에 이르도록 준비시킨다. 십자가의 죽음은 우리가 죽어서 모든 창조물, 성인, 생각, 소망, 계획, 부드러운 마음의 동경, 좋아하는 것들로부터 분리될 때까지 계속된다. 모든 문제, 슬픔, 실망에 대하여 죽는다. 동등하게 모든 칭찬이나 책망, 성공이나 실패, 위로나 방해에 대해서도 죽는다. 모든 기후와 국적에 대하여 죽고, 모든 소망들에 대해서도 죽지만 그를 위해 죽는다. 이 문장에 헤아릴 수 없이 많은 십자가의 내적인 죽음들이 있다. 아마 성화된 만 명 가운데 단 한 사람도 사도 바울과 마담 귀용, 이같은 성인들과 비슷하게 자신에 대하여 죽는 죽음에 이르지 못했을 것이다.

마음을 정화하는 것과 대비하여, 자기를 십자가에 못 박아 죽이는 이 고상한 것은 점진적으로 일어난다. 이것은 수개월 그리고 수년을 거쳐 확장된다. 즉 자기에 대해 신성한 무관심 상태에 이를 때까지, 이 내적인 영은 똑같은 점들에 반복적으로 굴욕을 당하게 된다. 하나님 자녀의 깊은 갈망인 성령님과 고요하고 안정된 연합을 발견하기 전에, 신자들의 위대한 주인은 순수한 마음을 획득했고, 오래 동안 자기에 대해 모든 종류의 매일 죽는 과정을 통과했다. 다시 마음을 정화하는 것과 대비하여, 믿음으로 '이 자기에 대해 더 깊이 죽는 것은 고난이다.' 이것은 성경에서 충분히 가르치고 있고, 수천의 혹독한 시련의 경험으로 확증되고 있다.

요셉은 감옥에 던져지기 전에 성화된 사람이었다. 그러나 거기서 쇠가 그의 혼에 들어왔다(시 105:18). 그리고 고통으로 그는 자신에 대해 가장 높이 죽는 죽음에 이르렀다. 더 높은 영역의 성화가 고난을 통하여 온다는 것을 시편 71:19-21과 같은 성경 구절들이 문자 그대로 증거한다. 이 주제에 대해 가장 뛰어난 말씀 구절은 아마 로마서 5장일 것이다. 첫 구절은 믿음으로 의로워진 것을 가르친다. 두 번째 구절은 믿음으로 온전한 구원을 얻은 것을 가르친다. 3-5절까지는 시련으로 더 깊은 죽음에 이르러 성령 충만한 삶을 사는 것을 가르친다.

자신이 더 깊이 죽는 이 죽음을 혼이 경험할 때, 거의 방해받지 않는 기도 상태, 모든 사람을 위해 무제한적 자선을 하는 상태, 말로 표현할 수 없는 부드럽고 넓은 연민 상태, 깊고 조용한 사려 깊은 상태, 삶과 관습에 극단적으로 단순한 상태 그리고 하나님과 오는 세대들에 대한 깊은 비전을 가진 상태로 영적인 이해와 사랑에 대해 엄청난 넓이 속으로 들어간다. 고난, 슬픔, 고통과 모든 종류의 굴욕에 대한 이 철저한 죽음 상태에서 평온하고 달콤한 무관심으로 방관하게 된다. 이런 혼은 가슴 아픈 시련들, 뜨거운 눈물, 신비한 시련들을 돌이켜보고, 부드럽게 완화되고, 후회 없이, 이제 모든 걸음에서 하나님을 본다. 이런 혼 속에서 성령님은 그분 자신의 거대한 생명의 흐름을 부어준다. 이제부터 혼의 위대한 사역은 혼 안에서 성령의 충고와 움직임을 주시하고, 그분과 사랑하고 망설이지 않는 협력을 즉시 하는 것이다. 이런 혼은 실제로 최소한 자기는 없고 모두 그에 이르러 있다.

7. 고난의 신비에 대한 설명

상하거나 부서지지도 않은 온전한 사람은 하나님께 쓸모가 없다는 것이 사실이다. 그분은 견고하며 사랑이 없고 이기적인 사람들을 크게 쓸 수 없다. '그러나 하나님은 깨짐의 현세적 가치 때문에 기본적으로 깨짐에 관심을 가지고 있지 않다.' 그의 신부 간택은 왕좌를 위한 훈련 중에 있다. 그녀는 사랑의 법이 최상위 법인 섭리에서 통치할 자격을 갖출 수 있도록 '아가페' 사랑을 배우는 고난의 학교에 있다. 이것이 하나님이 그녀에게 사랑을 가르치기 위하여 기꺼이 일생을 바치는 이유다. 어떤 우주론도 베드로가 우리는 부름을 받았다는 고난의 신비에 대해 설명할 수 없다. "사환들아, 범사에 두려워함으로 주인들에게 순복하되 선하고 관용하는 자들에게만 아니라 또한 까다로운 자들에게도 그리하라. 애매하게 고난을 받아도 하나님을 생각함으로 슬픔을 참으면 이는 아름다우나 죄가 있어 매를 맞고 참으면 무슨 칭찬이 있으리오 오직 선을 행함으로 고난을 받고 참으면 이는 하나님 앞에 아름다우니라 '이를 위하여 너희가 부르심을 입었으니' 그리스도도 너희를 위하여 고난을 받으사 너희에게 본을 끼쳐 그 자취를 따라오게 하셨느니라"(벧전 2:18-21).

8. 고난 – 하나님의 거대한 작전

비록 이 땅에서 하나님을 섬기는 일에 깨짐이 중요할지라도 깨짐을 허용하는 하나님의 기본 목적은 영원한 임무를 위해 준비된 사람을 얻는 것이다. '하나님께서 하는 훈련의 중요한 핵심은 시간이 아니라 영원이다.' 헛된 야망과 이기심으로부터 떼어놓기 위하여 허용하는 하나님의 훈련은 '아가페' 사랑을 증대시키고, 깨짐을 영원한 영광으로 변화시킨다. 하나님이 계획한 고통스런 상황들을 거부하는 것은 '고통을 헛되이 하는' 모든 종류의 삶과 자기를 십자가에 못 박아야 한다는 것을 나타낸다.

1세기부터 지금 현재 고동치는 순간까지 우주적 교회 역사에서 성인들의 말할 수 없는 모든 형태의 고난, 슬픔, 비극, 마음의 고통, 실망, 박해와 순교, 이 모든 것은 오직 영원을 깊이 생각할 때에만 의롭게 될 수 있다. 이 모든 것들은 지금 여기서 목적을 가지고 수행된다. 그러나 이것들에 대한 원칙적인 계획은 영원한 통치를 위해 준비하는 '아가페' 사랑을 가르치는 것이다. '고난은 그의 영원한 사업을 위해 신부에게 지위를 만들어 주기 위한 하나님의 거대한 작전이다.' 오직 이것만이 이 땅의 고통의 홍수를 정당화할 수 있다고 본다. 이것은 빌립보 교회에 쓴 사도 바울의 서신에 설명되어 있다. "그리스도를 위하여 너희에게 은혜를 주신 것은 다만 그를 믿을 뿐 아니라 또한 그를 위하여 고난도 받게 하심이라"(빌 1:29). 또한 베드로의 서신에도 설명되어 있다. "사랑하는 자들아 너희를 시련 하려고 오는 불 시험을 이상한 일 당하는 것같이 이상히 여기지 말고 오직 너희가 그리스도의 고난에 참예하는 것으로 즐거워하라 이는 그의 영광을 나타내실 때에 너희로 즐거워하고 기뻐하게 하려 함이라 너희가 그리스도의 이름으로

욕을 받으면 복 있는 자로다 영광의 영 곧 하나님의 영이 너희 위에 계심이라"(벧전 4:12-14). 모든 은혜의 하나님 곧 그리스도 안에서 너희를 부르사 자신의 영원한 영광에 들어가게 한 이가 잠깐 고난을 받는 너희를 친히 온전케 하시며 굳게 하시며 강하게 하시며 터를 견고케 하시리라(벧전 5:10). 이것은 또한 사도 바울이 데살로니가 교인들에게 쓴 서신에서 설명된다. 그리고 "너희는 참는 모든 핍박과 환난 중에서 너희 인내와 믿음을 인하여 하나님의 여러 교회에서 우리가 친히 자랑함이라 이는 하나님의 공의로운 심판의 표요 '너희로 하여금 하나님 나라에 합당한 자로 여기심을 얻게 하려 함이니 그 나라를 위하여 너희가 또한 고난을 받느니라'"(살후 1:4-5).

9. 고난을 통하여 특권을 받다

앞에서 언급한 빌립보서 구절에서, 사도 바울은 그리스도를 위해 고난 받는 것은 특권이라는 것을 지적하고 있다. 이것은 우리에 대한 하나님의 영원한 목적을 떠나서는 이해하기가 어렵다. 고난이 이 삶에서 풍성한 열매를 맺는 반면에, 그 열매는 항상 식별할 수 있는 것이 아니고 많은 경우에 이것은 고난을 정당화하기에 불충분한 것처럼 보인다. 사도 바울이 적용했듯이, 만일 그리스도를 위해 고난을 받는 것이 특권이라면, '이것은 장래 일들의 질서와 연관될 것임에 틀림없다.' 만일 하나님이 자녀들을 위해 계속 고난 받는 훈련을 하는 목적이 통치를 준비하기 위해 '아가폐' 사랑으로 성숙하도록 하는 것이라면, 고난을 받는 것이 특권이라는 사도 바울의 가르침은 논리에 맞는다. 이것은 또한 데살로니가 교인들이 받고 있는 핍박과 환난에 관심을 두고 그들에게 한 그의 말을 이해하도록 한다. 그의 불행은 하나님의 의로운 심판의 명백한 증표라고 말하고 있다. 왜? '너희를 하나님의 왕국에 합당한 자로 여기려고 준 것이니 그 왕국을 위하여 너희도 고난당하느니라.' 사도 바울은 이런 핍박과 환난이 없이는 그들이 통치 지위에 합당할 수 없다고 말하고 있다. 이와 같은 개념은 또한 베드로의 합리적인 충고를 낳게 했다. 그리스도의 고난에 참여하는 자가 되었으므로 기뻐하라. 이것은 그의 영광이 드러날 때에 너희가 넘치는 기쁨으로 또한 즐거워하게 하려 함이라… 영광의 영 곧 하나님의 영께서 너희 위에 머물러 계시느니라. '왕좌를 위한 견습공의 신분을 제외하고는 환난과 핍박의 영광에 대한 성경적 가르침을 설명할 수 있는 간단한 방법은 없다. 환난이 없이는 사랑도 없다. 사랑이 없이는 통치도 없다. 따라서 환난을 받아야만 우리는 그분과 함께 통치할 것이다.'

지금 특별한 환난을 받는 것이 이 고상한 목적에 합당한 자격을 받기 위한 것이라는 것을 쉽게 의심할 수 있다. 의심은 이것을 피하도록 사람을 유혹하여 이것이 쓸모없거나 또는 나쁜 것이라고 느끼도록 하는 것과 같은 성향일 것이다. 언젠가 가장 타당하지 않다고 생각되는 바로 그 고난이 하나님께서 그의 가장 영광스러운 결말을 위해 이용하셨다는 것을 이해하게 될 것이다. 이것, 오직 이것만이 다음의 시를 이해할 수 있도록 한다.

상처를 주고 손상시키는 것들이
완벽한 칭찬을 받을 수 있는 사람을 이룬다
충격과 압력과 파멸들이
웃음 지었던 날들보다 더 친절하다

10. 솔로몬의 성전

이 원리는 솔로몬의 성전 건축에 묘사되어 있다. 그 놀라운 구조물을 짓기 위해 옮겨지는 모든 돌은 각각 계획된 곳에 완벽하게 맞도록 채석장에서 아주 정확한 설계도에 따라 다듬어진다. "이 전은 건축할 때에 돌을 다듬어 가져다가 건축하였으므로 건축하는 동안에 전 속에서는 방망이나 도끼나 모든 철 연장 소리가 들리지 아니하였으며"(왕상 6:7).

11. 신자들은 살아있는 돌이다

호지킨(A. N. Hodgkin)은 그의 저서『성경 전체에 나타나 있는 그리스도』(*Christ in All the Scriptures*)에서 모든 세대의 진정한 신자들은 천국 성전의 살아있는 돌들이다. 그리고 하나님은 그들을 이 땅의 소음과 혼란 가운데에서, 하나하나가 위에 있는 그의 성전의 각각의 장소에 맞도록 그의 채석장에서 준비하고 계신다. 거칠고 모양 없는 돌들을 가지고 시작한다. 준비되기까지 힘차게 내리치는 망치와 매우 날카로운 끌과 광을 내는 가혹한 일을 이상

히 여길 것이 아니다.[2]

현재 우리는 되어 있어야 할 사람들이 아닐 뿐만 아니라, 되어야 할 사람도 아니다. 그러나 하나님은 모양이나 계획 없이 일을 하지 않으신다. 그는 자신이 하고 있는 일을 알고 있다. 우리 삶에 오는 섭리들에 우연한 것은 없다. 이런 섭리들을 인도하고 지배하는 손이 있다. 모든 사건들과 상황들을 운행하는 목적이 있다. 이 목적이 우리에게 분명하지 않지만, 항상 지켜보고 있는 눈이 있다. 우리를 만든 하나님이다.

> 이것은 나무망치를 들고 있는 장인이다
> 그리고 매일매일
> 그는 주위에 둘러싸여 있는 것들을 깎아내고 있다
> 형태는 사라진다
> 그의 노련한 재단 아래
> 그가 뜻한 것이 될 것이다
> 조용히 아름답게 만들어진 것이
> 그 정도로
> 결함 없이 아주 완벽한
> 그 천사의 눈이
> 완성된 수고를 볼 것이다
> 새로운 놀람으로
> 그의 끝없는 인내로
> 자신을 새겼을 것이다

---

[2] A. N. Hodgkin, *Christ in All the Scriptures* (Glasgow: Pickering & Inglis, 1908), 86-87.

그렇게 부서진 형상들
그리고 완고한 돌

12. 돌들의 모양 만들기

호지킨(Hodgkin)은 돌들이 채석장에서 옮겨질 때는 거칠었고 모양이 없었다는 것을 지적한다. 채석장 돌들은 무감각하지만 하나님이 작업하고 있는 살아있는 돌들은 그렇지 않다. 이 의미는 하나님은 고통 없이 모양을 만드실 수 없다는 의미다. '고통이 없는 곳에서는 모양을 만들 수 없다.' 그가 사용하는 도구들은 날카롭고 연마하는 도구이다. 채석장 돌들은 저항할 수 없지만 살아있는 돌들은 저항할 수 있다. 이들이 저항할 때, '그들의 슬픔과 고통을 헛되게 한다.' 하나님께서 고난을 이용하지 않고 영원한 곳에 있는 각자의 독특한 장소에 맞도록 모양을 만들 수 없다면, 이것이 왜 많은 사람이 오래 동안 지속적으로 고침을 구하는 기도를 함에도 불구하고 육체적 질병으로 계속 고통을 받아야 하는지에 대한 설명이 되지 않을까? 만일 우주에서 성품이 하나님의 최고의 목적이고 성품은 고통 없이는 개발될 수 없다면, 이것이 주께서 사랑하는 자를 친히 징계하시고(히 12:6)의 이 구절을 설명하지 않을까? 하나님은 다른 방법으로 특정한 곳에 필요한 그 특별한 돌을 잠깐 사이에 구하실 수 없을 것이다. 만일 그럴 수 있다면, 그분은 부인될 것이고, 그래서 결국 사람이 저 절묘한 건물의 특정한 곳에 맞도록 되었다면 그의 고통은 헛될 것이다.

Don't Waste Your Sorrows

제9장

가족관계를 통해 '아가페' 사랑 배우기

우리의 주장에 의하면, 인생은 '아가페' 사랑을 배우는 것이다. 하나님의 자녀에게 허용된 기쁘거나 슬픈 모든 상황들은 하나님의 궁극적 섭리, 즉 통치를 위한 전제 조건인 그 사랑을 신자에게 가르치고 성숙시키기 위한 목적을 가지고 있다. 이 세상은 왕위를 받을 운명에 있는 사람들이 궁극적 사회질서에서 집행될 원리들인 사랑의 법으로 통치하는 것을 실질적인 실습을 통하여 배우는 실험실이다.

1. 지구, 사랑을 배우는 천구

'아가페' 사랑을 배울 수 있는 유일한 곳과 때가 있는데, 그것은 지금 여기 세상이다. 러벳(C. S. Lovett)은 최근에 쓴 그의 저서에서 이 '아가페' 사랑의 특성은 천국에서는 만들어질 수 없다는 것을 지적하고 있다.[1] 놀라운 말이지만, 그는 천국은 아이들을 양육하는 곳이 없다고 말하고 있다. 거기는 신앙심을 키우지도 못한다. 사람들을 영적으로 성숙할 수 있도록 키우기 위해 요구되는 조건들을 거기서는 찾을 수 없다.

천국은 피상적으로 하나님께 순종하는 성품을 만드는 이상적인 곳이라고 생각한다. 더 이상 고난도, 슬픔도, 울부짖음도, 고통도 없는(계 21:4) 곳이다. 더 이상 두렵게 하는 적도 없다. 그러나 러벳이 지적했듯이, 그곳에는 긴장이나 억압도 없다. 시험이나 유혹도 없다. 더 이상 반대나 방해도 없다. 총체적인 안식이다. 이런 종류의 사회적 환경, 주위 상황이 천국의 성품을 만들기에 이상적이지 않은가? '결코 그렇지 않다.' 러벳 박사는 묻는다. 모든 스트레스가 사라질 때 아이들에게 무슨 일이 일어날까? 인생의 어려움과 스트레스와 저항에서 아이들이 보호될 때 무슨 일이 일어날까?

성품을 단련할 능력을 기를 방법이 없다는 것을 알 것이다. 따라서 천국은 아이들이 성숙할 수 있도록 '양육'할만한 곳이 못 된다. '이것은' 하나님께서 우리를 있게 한 이 세상, 바로 여기 이 땅에서 이루어져야 한다. 러벳은 말한다. 응석받이 아이는 보기에 좋지 않다. 그리고 여러분도 응석받이 성인은 참을 수 없다는 것을 안다.

이것은 천국에서는 성장이 없을 것이라는 의미인가? 사실 그렇

---

[1] C.S. Lovett, *Unequally Yoked Wives* (Baldwin Park, CA Personal Christianity, 1968). Used by permission.

지 않다. 거기 구원받은 사람들은 '완전히 새로운 질서'(계 21:4-5)에서 살 것이다. 그 질서에는 성장하도록 자극하는 것들이 많이 있을 것이고, 그 중의 하나는 찬양과 경배다. 천국은 하나의 거대한 환희의 노래다. 끝없이 사랑이 많으신 하나님을 경배하고 찬양함으로 인간은 자신의 가장 숭고하고 신성한 차원의 성품을 실습한다. 이 실습에서, 존재의 가장 뛰어나고, 말로 표현할 수 없고, 하나님 같은 모든 자질들이 활성화되고, 결과적으로 확장된다. 이 성장과정은 완벽한 환경에서 영원히 촉진될 것이고 찬양과 경배를 실습할 것이다. 거기서는 세상의 슬픔과 스트레스와 고통에 대한 자극이 필요 없을 것이다.

2. 순수함 – 즉시

사람은 성령님으로 채워져서 즉시 믿음으로 순수한 마음을 받는다(행 10:44-47, 15:7-9). 그러나 '아가페' 사랑으로 성숙해 지는 것은 다른 것이다. 마음의 순수함 없이 성숙은 가능하지 않다. 마음이 순수할 지라도, 성숙은 고난, 고통, 스트레스와 분리되지 않고 확장되는 과정이다. 지름길은 없다. 수년이 지난 후에 사도 바울은 아직 온전한 순종을 하지 못했다고 증언했다(빌 3:12-14).

3. 성숙 – 일생의 과정

그리스도인의 성품이 발전된 상태인 성숙과 '아가페' 사랑은 필연이고, 일생의 과정이다. 장기간에 걸친 고난에 대한 은혜를 예를 들어 생각해 보자. 이것을 어떻게 얻게 되는가? 러벳은 오랜 기간에 걸쳐 고난을 겪으면서라고 대답한다. 그러나 천국에는 고난이 없다. 따라서 오랜 기간에 걸친 고난이 거기서는 요구되지 않는다.

인내는 어떤가? 내가 젊었던 시절에 만난 어떤 설교자들은 성결함이 무너질 위기에 직면했을 때 인스턴트 커피나 또는 인스턴트 곡물이나 다른 인스턴트 식품들처럼 즉시 인내할 수 있다는 것을 암시했다. 그러나 인스턴트 식품들이 어떻게 만들어지는가? 이것들은 열이나 압력 또는 둘 다를 가해야 한다. 인내도 똑같다. 인스턴트 곡물이나 인스턴트 인내는 없다. '아가페' 사랑의 구현이나 또는 그 부산물로 생긴 상당한 수준의 인내는 하나의 불안을 극복하고 나서 또 다른 불안을 극복하는 것을 반복함으로 얻어진다. 그러나 천국에는 불안이 없다. 따라서 거기서는 인내를 배울 수 없다.

'아가페' 사랑의 또 다른 표현인 은혜로 용서하는 것을 생각해 보자. 사람이 용서하기 전에 감정이 상하게 되거나 또는 슬픔을 겪어야 되는가? 그렇다면 고상한 정도의 은혜로 용서하는 것은 반복적으로 감정의 상처를 받아야만 개발될 수 있다. 그러나 천국에는 감정적인 상처나 슬픔이 없다. 그래서 거기서는 용서를 배울 수 없다.

4. 인생 – 실험실

따라서 사람이 '아가페' 사랑과 그리스도의 형상과 같은 성숙함에 이르기 위해서는, 일생에 걸친 슬픔과 고통과 좌절을 고귀한 주님의 형상으로 변화시킬 것이 요구된다. 그리고 이런 것들은 천국에서는 찾을 수 없다. 이 땅에서만 성숙한 성인을 만들어 내는 상황들을 제공한다. 여기서만 사람이 슬픔, 좌절 그리고 삶을 변화시키는 스트레스로 시험을 받을 수 있다. 이 인생은 그의 자녀들이 통치를 준비하도록 하기 위해 하나님이 '아가페' 사랑을 가르치고 자녀에겐 수습기간인 실험실이다.

5. 가정 – 소우주

가정은 '아가페' 사랑을 배울 과정을 시작할 수 있는 논리상 필연적인 곳이다. 러벳 박사는 결혼과 가정은 지구상의 모든 삶의 중심이다… 이것은 한 지붕아래에 결집되어있는 모든 스트레스와 긴장, 시련과 억압이 있는 완벽한 실험실이다… 우리 안에서 그리스도의 형상을 만들기 위해 필요한 모든 것은 가정에서 발견될 수 있다고 말했다. 다시 말하면 가정은 소우주 또는 작은 세계로서, 큰 세계의 복제품이다. 스트레스와 긴장을 주는 환경이 있기 때문에, 가정은 '아가페' 사랑을 배울 수 있는 가장 좋은 곳이다. 이것이 하나님께서 가정을 만드신 한 가지 이유다. 하나님이 외로운 자들을 가족들 가운데 정착하게 한(시 68:6) 이유다. 러벳은 결혼이 인생에서 가장 스트레스가 많다. 전 인생이 스트레스라면, 결혼이 스트레스의 핵심이라고 말했다.

6. 신혼부부들은 흔히 자아 중심적이다

밀러가 말했다.

> 두 인생이, 아무리 이전의 만남이 완벽했고, 오랫동안 사회에서 함께 활동하며 가깝고 긴밀하고 성숙된 관계로 발전했다 할지라도, 결혼 생활에서 완벽하게 조화를 이루지 못하는 것을 발견한다. 각자가 전에는 결코 보지 못했던 것을 보게 되는 것은 결혼 후에 어떤 언어로도 설명할 수 없는 신비한 섞임이 시작될 때다… 가정생활의 마찰이 드러날 때까지 전혀 꿈에도 생각해보지 못했던 불화가 있다.[2]

기대치가 있을 것이다. 그러나 대부분의 신혼부부들은 탈 이기심의 진정한 의미를 아직 배우지 못했다. 이들은 구원받고, 성화되거나 또는 성령으로 충만하게 되었지만, 아직 무의식적으로 자기중심적이다. 결혼과 가정을 제정한 하나님의 주요 목적들 가운데 하나는 일반적으로 생각하는 것처럼 기본적으로 쾌락을 위한 것이 아니라, '아가페' 사랑을 가르치기 위하여 자기를 분산시키는 것이다. 결혼과 가정의 스트레스는 자아를 깨뜨리기 위해, 사람

---

[2] J. R. Miller, *Weekday Religion*, 67-68.

을 자기중심에서 벗어나도록 하기 위해, 희생적 사랑과 인자한 은혜를 갖도록 하기 위해 계획되었다.

너무 소수의 사람들만이 결혼의 본질과 목적을 이해하기 때문에, 예상하지 못한 스트레스와 긴장이 나타날 때, 이들은 실수를 했다고 느끼도록 유혹 받고, 결혼하지 않았어야 하는 사람과 결혼했다고 느끼도록 유혹을 받는다. 다음 단계는 여러 가지 방법으로, 때로 결혼 상담전문가를 통해서, 더 흔하게는 이혼소송을 통하여 피할 길을 찾는 것이다.

7. 영적 문제

만일 결혼상담자가 전문가로서 대가를 받고 상담을 한다면, 프로이드(Freud)의 원리들에 근거하여 제공되는 상담은 아마 무가치하거나 또는 좋지 않을 것이다. 신체적인 문제가 있는 것을 제외하고, 가정에서 일어나는 모든 갈등의 뿌리는 정신적인 것이 아니라 영적인 것이다. 심리학과 정신의학은 대체로 관계가 전혀 없다. '영적인 문제는 항상 영적인 원인이 있어서 영적인 해결책을 요구한다.' 많은 상담자, 심지어 그리스도인 상담자들도 프로이드(Freud)의 영향을 너무 받아서 영적인 문제를 성경적 방법으로 해결할 수 있을 만큼 완전하게 준비되지 못하다. 많은 영적 통찰력이 있는 사람은 신경증과 관련된 증상들을 성경적으로 치료하는 것에 대한 사탄의 대안이 정신의학이라는 것을 분명히 확신하고 있다. 많은 정신의학자은 오직 문제를 복잡하게 혼합시킬 뿐인 어려움에 대해 개인적인 책임을 완화시키는 방법으로 스트레스를 받고 있는 사람을 도우려 한다. 신체적인 경우들을 제외하고, 갈등의 근원은 거의 예외 없이 영적이다. 자아는 확장되어 있고 사랑은 결여되어 있다. 이것은 완전히 영적인 문제다. 출구는 별거나 이혼을 하는 것이 '아니다.' 이것은 하나님의 목적을 좌절시키고 오직 문제들을 악화시킬 뿐이다.

8. 희생적 사랑 배우기

관련되어 있는 한 사람이나 또는 두 사람이 거듭났다면, 하나님의 계획은 각 사람이 '아가페' 사랑을 상대에게 가르치는 것이다. 이것은 쉽지 않다. 본질적으로 이기적인 생명은 죽기가 어렵다. 그러나 한 배우자라도 인생은 '아가페' 사랑을 배우기 위한 것이고 가정은 이것이 가르쳐지고 배우기에 가장 좋은 훈련장이라는 것을 이해한다면, 탈 이기적인 분산이 시작될 것이다. 만일 부부가 인생도 결혼도 기본적으로 쾌락을 위한 것이 아니고 희생적 사랑을 배우는 것이라고 생각한다면, '이들은 고통을 헛되이 하지 않을 것이다.'

9. 수평선 대 수직선

수평적 관계에서 생기는 문제는 항상 하나님과의 관계인 수직적 관계에서 생긴 문제의 결과다. 자기 의지는 어딘가로부터 이어

받았다. '배우자에 대한 적개심은 무엇보다도 먼저 하나님에 대한 적개심이다. 결혼한 상대에 대한 사랑의 결핍은 사실 하나님께 대한 사랑이 결여되어 있는 것이다.' "사랑하는 자들아 우리가 서로 사랑하자 사랑은 하나님께 속한 것이니 사랑하는 자마다 하나님께로 나서 하나님을 알고 사랑하지 아니하는 자는 하나님을 알지 못하나니 이는 하나님이 사랑이심이라… 어느 때나 하나님을 본 사람이 없으되 만일 우리가 서로 사랑하면 하나님이 우리 안에 거하시고 그의 사랑이 우리 안에 온전히 이루느니라… 누구든지 하나님을 사랑하노라 하고 그 형제를 미워하면 이는 거짓말하는 자니 보는바 그 형제를 사랑치 아니하는 자가 보지 못하는바 하나님을 사랑할 수가 없느니라"(요일 4:7-8, 12, 20).

10. 권리들을 포기할 권리

배우자 중에 한 사람이 상대에 대한 사랑이 식어서 별거를 신청할 때, 기본적으로 문제는 부부 사이에 있는 것이 아니라 부부 중의 한 사람이나 또는 두 사람과 하나님 사이에 있다. 최소한 한 사람이라도 하나님과 바른 관계를 가지고 있다면, 그 사람은 더 이상 고집스럽게 자신의 권리를 주장하거나 또는 자신의 방식으로 일을 하려고 하지 않는다. 어떤 사람이 그리스도인이 가지고 있는 유일한 권리는 자신의 권리들을 포기하는 것이라고 말했다. 이 말은 마태복음 5-6장의 산상설교에 동의하고 있다. '하나님과 가까이 지내는 배우자는 거의 항상 양보를 우선시 할 것이다.' 하나님에 대한 사랑은 그가 특권들을 포기하고 자기를 십자가에 못 박는 것을 받아들이도록 할 것이다. 만일 그 또는 그녀가 기꺼이 이것을 하지 않으면, 하나님에 대한 그의 사랑이 부족하기 때문이다. 그리스도를 위하여 상실의 고통을 당하는 것을 거부하는 것은 진정으로 하나님께 대한 반항이다.

11. 회개와 보상

이런 상황이라면, 영적 문제가 해결되지 않으면 전문가의 상담이나 정신의학자의 치료도 변화시키지 못할 것이다. 이것을 이해하고도 수임료를 받는 상담자나 또는 정신의학자가 도움이 될 수 있다는 것도 의심스럽다. 도움은 오직 부부 중에 한 사람이나 또는 두 사람이 영원한 통치를 위한 준비로 '아가페' 사랑을 배우고 적용하고 용서하는, 기꺼이 고난을 받는 것이 인생이라는 것을 이해할 때 온다. 서로에 대해 용서하지 못한 것과 보상에 대해 하나님에게 회개하는 것이 하나님이 의도한 사랑의 성장을 가져올 것이다. 사도 바울은 에베소서 5:21-23에서 사랑으로 성장하는 것과 관련하여 매우 중대한 순종에 대한 훈시를 하고 있다. 그리스도를 경외함으로 피차 복종하라. 아내들이여 자기 남편에게 복종하기를 주께 하듯 하라. 이는 남편이 아내의 머리됨이 그리스도께서 교회의 머리됨과 같음이니 그가 친히 몸의 구원자시니라. 베드로도 또한 이 원리를 베드로전서 5:5-6에서 강조하고 있다. 젊은 자들아 이와 같이 장로들에게 순복하고 다 서로 겸손으로 허리를 동이라. 하나님이 교만한 자를 대적하시되 겸손한 자들에게는 은혜를 주시느니라 그러므로 하나님의 능하신 손아래서 겸손하라 '때가 되면 너희를 높이시리라.' 순종에 대한 이 원리들을 기꺼이 받아들이지 못하는 것이 마음의 고통과 환난을 증가시킬 뿐만 아니라, '개인의 슬픔을 헛되이 하는 결과를 가져올 것이다.'

12. 불안정한 기반

대부분 결혼 상담이 초점을 맞추고 있는 것은 지금 이 세상이다. 기본적인 목적은 부부의 현재의 행복을 위하여 절멸 직전의 결혼문제를 해결하는 것이다. 이것은 아주 자연스럽다. 그러나 부부가 인생과 결혼생활의 주요 목적이 쾌락과 행복이라는 환상을 가지고 고난을 받는 한, 이들의 결혼 기반은 불안정하다. 인생과 결혼이 사랑의 법이 최고인 곳에서 통치하기 위한 준비로 '아가페' 사랑을 실습하는 수습기간이라는 것을 이해하지 못하면, 이들은 영원한 것을 잃을 위험에 처해지게 된다. 만일 이들이 후회와 실망과 서로 상대의 잘못을 지적하는 맞고소로 세월을 보낸다면, '이들은 고통을 헛되이 하고 있다.' 만일 이들이 서로를 하나님께서 탈 이기심을 증가시키고 '아가페' 사랑을 키우고 훈련시키기 위해 보낸 중개인으로 받아들이면, 여기서 더 큰 행복을 발견할 뿐만 아니라 결국에는 훨씬 더 뛰어난 영원한 영광의 무게를 이룰 것이다.

13. 우리 시대의 비극

결혼생활의 재적응과 재통합을 이루기 위해 기본적으로 영적 문제를 다루지 않는 심리학자들과 정신의학자들의 모든 노력들은 헛될 뿐이다. 성경적 방식을 버리고 거대한 사탄의 환상을 위해 혼의 문제들을 해결하려고 노력하는 교회와 사역을 보는 것이 슬프다. 이것이 최근의 역사에서 가장 슬픈 비극 가운데 하나다. "너 하늘아 이 일을 인하여 놀랄지어다 심히 떨지어다 두려워할지어다 여호와의 말이니라 내 백성이 두 가지 악을 행하였나니 곧 생수의 근원되는 나를 버린 것과 스스로 웅덩이를 판 것인데 그것은 물을 저축지 못할 터진 웅덩이니라"(렘 2:12-13). 기독교 단체들의 관리 아래 운영되는 전문적인 정신 건강 프로그램들에서 이것보다 더 진실한 것은 어디에도 없다.

14. 전문적인 견해

이것은 비전문가뿐만 아니라 몇몇 존경 받는 건강한 전문가들의 의견이다. 그의 책 『정신의학과 종교의 위기』(*The Crisis in Psychiatry and Religion*)[3] 6장과 7장에서 일리노이 대학(University of Illinois)의 심리학자이고 전 미국심리학협회(American Psychological Association) 의장이었던 오 호바트 모러(O. Hobart Mowrer) 박사는 오로지 하나님의 말씀을 증거해야 할

---
[3] O. Hobart Mowrer, *The Crisis in Psychiatry and Religion* (Princeton: D. Van Nostrand Company, Inc., 1961).

사역자들이 이런 종류의 문제들에 대한 답을 가지고 있음에도 불구하고 정신적으로 이상이 있는 교인들을 심리학자들에게 의뢰하는 기독교 사역을 강하게 책망했다.

15. 무신론자의 철학

하나님의 종들과 그분을 대표하는 대표자들이 철학에 널리 퍼져 있는 무신론적이고, 결정론적이고, 진화론적인 전문가의 도움을 구할 정도로 너무 분간하지 못하고, 혼동되어 있고, 무기력하게 되어있을 때, 이것은 "수고하고 무거운 짐 진 자들아, 너희는 내게로 오라. 내가 너희를 쉬게 하리라"(마 11:28)고 말씀한 그에게 슬픈 불명예다. 게다가, 전문가들의 큰 주류가 성경의 도덕적 원리들을 따라 살기 위한 노력에 지나치게 성실하여 생긴 많은 정신적 불안의 원인이 되고 있는 성경의 도덕적 원리들을 부인한다.

16. 치료로 유혹하다

1976년 1월 26일의 애틀랜타 정관(The Atlanta Constitution)에 실린 한 기사는 정신적 질병 치료에서 전문 상담자들에 의해 널리 실시되고 있는 소위 성적 치료요법을 밝혔다. 주요 문제라 불리는 치료요법의 유혹(Seduction in Therapy Called a Major Problem)이라는 머리기사로 내용은 다음과 같다. "오늘날 빠르게 확장하고 있는 성적 치료요법 분야에서 가장 압력을 주는 문제들 가운데 하나는 성적인 문제들을 치료받기를 원하는 환자들을 유혹하는 개인 상담자들이다…"

내담자와 이런 성관계를 갖는 것은 많은 형태의 전문가 가운데 흔한 일이라고 말하는 예일대학교(Yale University) 정신의학자인 프리츠 레이드(Fritz Redich)가 치료자들과 환자들 사이의 성적인 관계에 대한 장황한 토론을 인도했다.

최근의 신문기사에서, 한 정신의학자는 공식적으로 이런 치료를 인정하면서 자신은 일 회에 전문적인 서비스를 제공한 대가로 일주일에 50달러를 받는다고 말한 것을 인용했다. 이것은 그를 치료자로 가장한 남자 성 매매자이거나 또는 제비족으로 만들고 있다.

17. 정신분석학은 과학이 아니다

앞의 기사에 따르면, 이런 치료가 흔하다 해도, 여기서 인용한 것은 전문가 전체가 받고 있는 요금을 대표하고 있는 것은 아니다. 전문적인 기독교 정신의학자들에 반하여, 이것은 이 저자에게 오칭인 것 같다. 저명한 권위자들에 따르면, 정신의학은 비록 한 분야이지만 과학은 아니다. 이것은 논리가 아니라 믿음이라 불린다.[4] 전문 직업이 만연해도, 어느 유명한 저자들은 정신 건강을 미신이라 부르고 정신 신경증을 의학적 문제가 아니라 도덕적 갈등으로 규정하고 있다.[5]

---

4) O. Hobart Mowrer, ed., *Morality and Mental Health*(Chicago: Rand McNally & Company, 1967), 56.
5) O. Hobart Mowrer, ed., *Morality and Mental Health*, 17.

18. 완전한 치료

모러 박사는 완전한 치료(Integrity Therapy)라 불리는 정신건강 문제들에 새로운 접근을 주장했다. 이것은 치료에서 성경적 방법, 즉 하나님 그리고 서로 올바른 관계를 갖도록 인도하는 회개, 회복, 용서와 모든 관심 있는 사람들과의 투명한 관계 등으로 압축되어 있다(Integrity Therapy, Room 330, Gregory Hall, Urbana, Ill.). '올바른 수직적 관계를 갖는 것이 만족한 수평적 관계를 갖도록 하는 비결이다.' '하나님과의 관계와 사람들 간의 관계에서 철저하게 서로 투명한 관계를 갖는 것이 개인적 관계에서 스트레스를 치료하는 것이다.'

19. 전문가의 충고

저자이면서 정신의학자인 리 스타이너(Lee R. Steiner)의 말은 사역자들이 의식적으로나 또는 무의식적으로 정신 건강 문제들과 영적 문제들을 정신의학적으로 접근하는 것에 매료되어 있는 것을 중단하라고 한다. 그의 말은 다음과 같다. 내가 20년 동안 사람들이 문제를 취하는 곳과 자신들이 할 수 있는 자원들을 찾는 이유를 연구하며 받은 인상은 사역이 가지고 있는 것을 심신의 처지로 바꿀 때 사역이 엄청난 실수를 한다는 것이다. 세대를 통하여, 사역은 최소한 도덕성을 계속 존속시키기 위한 시도를 하라는 압력을 받아왔다. 심각한 도덕적 위기가 있는 영역들 가운데 한 영역에서, 성직자가 타당하지 않고, 뿌리가 없고, 가치가 없는 것을 위해 자신의 능력을 갑자기 버린다면, 이것은 애통할 일이다. 이들이 자신들이 가지고 있는 것에 매달렸다면 훨씬 더 잘했을 것이라는 것이 나의 생각이다. 유대교는 거의 6,000년 동안 인내했다. 기독교는 약 2,000년 인내하고 있다. 정신분석은 25년 후에는 어디에 있을까?… 나는 기독교가 골상학과 최면술 사이에 자리를 잡을 것으로 예측한다.[6]

20. 유일한 치료

가정이나 결혼이 위험을 당할 때, 기본적인 원인은 영적이라는 것을 다시 강조한다. 따라서 치료는 심리적이 아니라 영적이다. 스트레스와 긴장이 있는 것은 확실하다. 관계된 사람들이 영원한 왕좌를 준비하는 '아가페' 사랑을 그들에게 가르치는 하나님의 방법으로 이것들을 받아들이고, 찬양의 희생을 드려서(히 13:15) 이것들을 환영할 때, 가정의 갈등들이 해결될 것이고 이것들이 장래의 영광으로 변할 것이다.

21. 불성실한 결혼 생활

마음에 품고 있는 거의 모든 가치들이 무너져가고 있는 오늘날은 위험한 시대다. 세상은 불확실과 의심의 바다에서 표류하고 있

---

6) O. Hobart Mowrer, ed., *Morality and Mental Health*, 301.

다. 사회는 도덕적 충격 상태에 있다. 사회질서는 붕괴되고 있다. 도덕적 무질서가 난무한다. 성적 혼란이 널리 퍼져있다. 거대한 정신 이상이 위협한다. 사회질서의 붕괴는 이혼율을 높이고 결혼과 가정과 가족제도를 파괴하는 성을 무기로 삼은 마귀의 공격이라는 증거다. 그러나 하나님은 그분이 선택한 신부 안에 '아가페' 사랑을 개발하기 위해 바로 이 상황을 이용한다.

22. 도덕적 패배 지배하기

마귀의 유혹에 넘어가 무차별적인 성관계를 갖는 배우자를 가진 그리스도인 남자나 여자에게 '아가페' 사랑을 배울 수 있는 가장 좋은 기회가 제공된다. 결혼한 배우자의 불성실함보다 더 큰 진노의 유혹은 없다. 수천의 사람들이 이 새로운 도덕성에 의해 주입된 도덕적 자유방임과 이것이 조장하는 도덕적 기준들의 완화로 인한 대혼란에 빠져있다. 빌리 그래함(Billy Graham) 목사 부인은 하나님께서 우리의 퇴폐적인 도덕에 계속 긍휼을 베푸신다면, 그분은 소돔과 고모라에 사과를 하셨어야 한다고 말했다. 남편들과 아내들이 이것을 깨닫지 못할지도 모르지만, 바로 이 상황은 더 깊은 '아가페' 사랑을 배워 영원한 지위를 확장할 전례 없는 기회를 제공한다. 만일 원한과 자기 연민과 복수심에 굴복하면, '고통을 헛되이 하고 있는 것이다.' 그러나 은혜가 이 고통을 지배하고 '아가페' 사랑을 가르치기 위해 이것을 이용할 수 있다는 것을 안다면, 그는 말할 수 없는 자신의 고통을 영원한 것을 얻기 위해 이용할 수 있을 것이다. 많은 사람이 그렇게 하지 못하지만, 이렇게 하여 승리한 사람들이 있다.

23. 확약증언

가정적 어려움을 가지고 있는 사람들에게 다음의 증언을 바친다.

> 하나님 아버지, 저는 당신께서 그(그녀)가 이렇게
> 되도록 허용하셨고
> 우리가 함께 결혼관계를 갖도록 이끄셨기 때문에
> 그(그녀)의 모습 그대로의 저의 배우자를 위해 희생의
> 찬양을 드립니다
> 당신은 하실 수 있다는 것을 압니다
> 따라서 당신의 목적을 이루기 위해
> 그(그녀)의 모습 그대로 그를 통하여 일하고 계시고
> 당신의 영광을 위하여
> 그(그녀)의 영적인 성품과 성격적 한계들을
> 지배하고 계시는 것을 알고 있습니다 아멘

6개월 동안 상처나 자극을 받는 모든 순간에 이 확약증언을 실천하자. 그리고 무슨 일이 일어나는지 보자.

24. 세대 간의 격차

비록 소위 세대 간의 격차가 있는 시대라 해도, 이것은 아담과 그의 아들 가인과 노아와 그의 아들 함만큼 오랜 역사를 가지고 있다. 그러나 프로이드의 심리학과 정신의학파(派)가 야기한 것은 부모 자식 간의 격차를 더욱 악화시키고 확장시켰다. 도덕적이고 영적인 이상들이 젊은 세대들에 의해 소외되고 거부된 결과가 아주 고통스런 고난을 낳을 수 있다. 이것은 거대한 문제다. 완벽한 부모가 없다는 사실과 그래서 정신적 문제에 부분적으로 책임이 있다는 사실이 고통을 완화시키지 못한다. 생명보다 더 소중한 사랑하는 자녀에게 미친 이 파멸적인 정신적 문제가 배은망덕한 행동들로 나타나고, 이 배은망덕한 행동들로 덧난 상처들이 더 악화되었다. 자신이 뿌린 씨의 열매를 거두어 부모에게 무너지는 슬픔을 가져온 아들에 대한 다윗 왕의 독백에 공감하는 많은 형제와 자매가 있을 것이다. 그러나 사도 바울은 구원을 주는 '아가페' 사랑의 더 깊은 차원이 부모 안에서 작용하도록 허용하면, 이 지독한 고통은 훨씬 더 뛰어나고 영원한 영광의 무게로 변화될 것이다. 거부당하는 고통에서 부모는 인식하지 못했던 자기중심적인 자신을 발견할 것이라고 한다. 그는 신실한 회개와 자기 거부를 통해 치료하고, 회복시키고, 영원한 보상이 되는 희생적 사랑 안에서 성장할 것이다. 이것이 하나님께서 세대 간의 격차의 고통을 허용하는 한 가지 이유일 것이다. '고통에 압도당한 결과로서 생기는 것이 헛되지 않아야 한다.' 사랑하는 것을 배우는 대가는 크다. 그러나 하나님은 대가가 아무리 크다 해도 이것을 생각하지 않으신다. 그는 선택된 신부가 사랑의 법으로 살도록 하기 위해 이 고통들을 통해 훈련하고 있다.

제10장

부당한 고난을 통해 '아가페' 사랑 배우기

요약하면 모든 거듭난 신자들은 통치를 준비하기 위한 수습기간에 있고, '아가페' 사랑의 고상한 차원이 우주를 움직이고 있는 저 영원한 사회질서에서 높은 지위와 권위를 가질 수 있는 최고의 자질을 가지고 있다. 그리고 '아가페' 사랑의 고상한 차원은 고난 없이 성취될 수 없다. 그렇다면 이것이 많은 사람이 일생 동안 고난에서 구원받기를 추구하는 것을 허용하는 이유가 되지 않을까?

1. 지연 훈련

만일 하나님이 모든 사람을 즉시 구원한다면, 성품을 훈련할 기회가 있을까? 만일 하나님께서 모든 사람을 첫 부르심에서 갈등이나 억압이나 반대에서 구원하셨다면, 그들은 성품을 이루는 인내를 배울 기회가 있을까? 만일 고난이 첫 외침에서 사라졌다면, '아가페' 사랑의 주요 요소인 천국의 성품을 부여하는 인내를 훈련 받을 기회가 있을까? 인간이신 예수님의 지도자적 경험이 고난 없이 완벽해질 수 없었다면 천국 통치를 위한 우리의 훈련이 고난 없이 완벽해 질 수 있을까? 아마 대답은 '아니요' 일 것이다.

2. 순수한 악이 어떻게 변화되는가

우리는 감당할 수 없고 끝이 없을 것 같은 일시적인 가벼운 환난이 어떻게 훨씬 뛰어나고 영원한 영광의 무게로 변화될 수 있을까? '사람의 고난은 정확한 주관적인 태도에 의하여 작용하도록 만들어졌다.' '객관적인' 상황에 대한 '주관적인' 태도가 영향을 완화시켜서 순수한 악이 숭고한 선의 차원으로 변화되는 것이 많은 사람에게 신비다.

3. 상황의 영원한 본질

다음을 주목하라. '어떤 근원에서 온 것일지라도 사람이 잘못된 태도를 갖지 않으면 해가 되지 않는다. 이것이 축복이 되거나 마음을 들끓도록 하게 되는 것은 사람에게 달려있다.' 에이미 카마이클은 사물의 영원한 본질은 사물 그 자체에 있는 것이 아니라 이에 대한 사람의 반응에 있다고 말했다. 고통스런 상황은 지나

갈 것이지만 이에 대한 사람의 반응은 그의 영원한 성품에 도덕적이고 영적인 침전물을 남길 것이다. 이것이 사실이라면, 하나님께서 일어나도록 허용한 모든 것은 그가 하나님과 자신을 분리하도록 하지 않는다면 틀림없이 그의 선을 위해 작용할 것이다. 인생의 유일하고 실질적인 불행은 하나님에 대한 믿음을 잃는 것이다(맥클라렌). 그는 직면하고 있는 상황들과 환경들을 지배할 수 없다. 그는 이것들에 대해 어떤 것도 할 수 없다. 그러나 하나님의 도우심으로 그는 주관적 태도인 자신의 반응을 지배할 수 있다. '이것은 완전히 그의 관할권 안에 있다.' 그러나 사도 야고보의 충고를 받아들일 때, 모든 것은 달라진다. "내 형제들아, 너희가 여러 가지 시험을 만나거든 온전히 기쁘게 여기라 이는 너희 믿음의 시련이 인내를 만들어 내는 줄 너희가 앎이라 인내를 온전히 이루라 이는 너희로 온전하고 구비하여 조금도 부족함이 없게 하려 함이라"(약 1:2-4). 이것은 로마서 5:3-5에 있는 사도 바울의 말과 조화를 이룬다. "다만 이뿐 아니라 우리가 환난 중에도 즐거워하나니 이는 환난은 인내를, 인내는 연단을, 연단은 소망을 이루는 줄 앎이로다 소망이 부끄럽게 아니함은 우리에게 주신 성령으로 말미암아 하나님의 사랑이 우리 마음에 부은바 됨이니"

이 구절에 따르면, 고난 중에서 즐거워하는 궁극적인 결과는 마음에 넓게 부어진 '아가페' 사랑이다. 이것이 최고의 소득이다.

4. 애통하는 자는 복이 있나니

하나님께서 다가올 세대들에게 통치에 필요한 고상한 성품을 고난 없이 발전시킬 수 없다면, 사람의 태도가 "애통하는 자는 복이 있나니"가 되지 않을까? '천국의 지위는 매력 있는 성격, 빛나는 재능, 높은 지성, 또는 그 외에 탐낼 만한 기부에 의한 것이 아니라 사랑의 깊이와 질에 의해 결정된다'. 슬픔, 아픔, 실망과 고통이 있는 지구는 이 사랑이 개발될 수 있는 유일한 곳이고, 이 인생은 단 한 번뿐이다. '이 사랑이 천국의 가치이고, 유통 화폐이고, 법적 배상금이다.' 이것은 오직 고난의 학교에서만 개발될 수 있다. 고난이 선한 일을 마치기 전에, 우리 가운데 많은 사람이 겪었던 것들이 아주 매정했고, 가혹했고, 오만했고, 감정을 상하게 했고, 횡포를 휘둘렀고, 무뚝뚝했고, 인내하지 못했고, 인색했다. 우리는 다른 사람들의 진정한 의견과 감정들과 감성들을 너무 많이 거칠게 지배했다. 이것들은 모두 이기심의 특성들이다. 오직 환난을 받음으로, 때로 심하게, 이 사랑할 수 없는 특성들과 기질들이 누그러지고 온화해 진다. '이것이 이들이 상하고 부서져서 궁극적으로 자신을 비우기까지, 하나님께서 우리 가운데 많은 사람을 불로 정제하는 이유이고, 많은 사람이 파멸의 충격으로 연단되어야 하는 이유다.'

> 오, 무가치, 무가치하게 되기,
> 오직 그의 발밑에 두기,
> 깨지고 비워진 그릇,
> 장인이 이용하여 채워지도록.

5. 욥의 자기분산

고난을 받기 전에, 욥은 하나님을 오직 말로만 들어 알았다. 나중에 그는 이제 나의 눈으로 하나님을 보았다고 말했다. 고난이 끝나기까지 그는 하나님과 다툰다. 사실 그의 잘못을 고발했다(욥 10장). 그 후에 그는 "그러므로 내가 스스로 한하고 티끌과 재 가운데서 회개하나이다"(욥 42:6)고 말한다. 욥의 경험은 베드로전서 4:1을 설명하고 있다. "이는 육체의 고난을 받은 자가 죄를 그쳤음이니." 하나님은 욥이 거룩한 사람이었지만 전혀 인식하지 못하고 있는 자기중심적인 특징들을 두드러져 보이게 하여, 이것들이 깊은 고난으로만 제거될 수 있다는 것을 증명하셨다.

오랜 기간에 걸쳐 심한 슬픔을 겪은 욥이 새로운 '아가페' 사랑의 차원이 형성되었다는 증거를 보이는데, 그것은 그가 심한 비판에 대해 기꺼이 기도하여 주님께서 판단하도록 한 사실이다. '보복이나 앙갚음의 감정을 갖지 않고 부드럽게 비판을 받아들이는 것은 사랑이 성장한 증거다.' 이것이 예수님이 원수를 사랑하라고 말씀한 이유다. 이들이 영원한 지위의 휘장인 '아가페' 사랑을 키울 기회를 주기 때문이다(마 5:44-48).

6. 현장 훈련

하나님께서 훈육하고 훈련하는 모든 것은 사랑을 증가시키고 완벽하게 하는 것을 향해 있다. 성품과 규모가 어떻든 모든 불행은 이 목적을 위해 허용된다. 하나님은 '아가페' 사랑을 개발하고 훈련하기 위해 현장 훈련을 통해 사람의 일시적인 상황들, 대립적 성격, 개인적 적개심, 불공정한 비판, 경제적 반전, 빈곤, 육체적 고통, 의지박약, 고통 그리고 노년의 나이까지도 이용한다. 이 훈련이 기본적으로 일시적인 가치와 이익을 위한 것이 아니라는 것은, 흔히 사람이 보다 깊은 사랑의 교훈들을 배우기 전에 죽음이 가까이 왔기 때문이 아니라, 이것이 영원한 법적 배상금이고, 가치여서 유통되어야 하기 때문이다. 우리는 기본적으로 천국의 궁극적 사회 질서에서 통치하기 위한 영원한 자질과 기술인 사랑을 배우기 위해 여기 인생의 고난의 학교에서 실습 중에 있다는 것을 잘 기억해야 한다.

더 나아가, 이것은 인간이 신자의 구원에 장애가 되는 모든 것을 완전한 찬미에 이르기까지 정돈해야 한다는 뜻이다. 한 사람, 에녹은 찬미를 위해 믿음으로 이 원리를 증명했고, 실증했고, 입증했다(창 5:24; 히 11:5). 에녹의 경험은 모든 하나님의 자녀를 위해 모든 타락한 결과에서 온 이 생명에서 완전히 구원 받은 법적 근간이 있다는 것을 증명하고 있다. '만일 타락한 한 사람이 법적으로 구원받으면(창 4장) 잠재적으로 모든 사람이 구원받는다.' 이것이 에녹의 경험에 대한 유일한 설명이 될 수 있다.

7. 고난과 성격 개발

에녹의 경험이 완벽한 믿음의 결과(히 11:5)였기 때문에, 타락한 결과에서 완전히 구원을 받지 못한 모든 패배자들의 패배는 믿음의 패배임에 틀림없다. 교육을 잘 받은 신자가 믿음에 실패한 것은 한 가지, 결함 있는 그리스도인의 성품들을 가진 결과다. 따라서 지성적인 신자의 삶에 남아있는 모든 질병, 병환, 질환은 성품 개발과 관련되어 있음에 틀림없다. 모든 환난은 하나님의 마음에서 온 메시지라고 믿는 맥클라렌은 만일 우리 자신을 더 잘 알았다면 그리고 하나님께서 보는 것처럼 볼 수 있었다면, '우리는 그리스도인의 단점들에 대해 응답 받지 못한 모든 기도들을 추적할 수 있을 것이다.'

'이것이 사실이기 때문에, 기도 응답으로 제거되지 않은 모든 종류의 고난은 오는 세대에서 자신의 특정한 역할에 아주 적합한 하나님과 같은 성품을 갖도록 하기 위한 하나님의 훈련 방법으로 이해해야 한다.'

8. 목적이 있는 슬픔

하나님께서 그의 신부의 신분을 가진 모든 사람에게 일어나도록 허용하는 모든 것은 왕과 제사장으로서의 관리 역량에 필요한 사랑으로 성숙하게 하려는 의도다. 이 사랑이 개발되고 실습할 수 있는 기회를 주는 유일한 환경이거나 또는 상황은 타락한 사회질서인 이 땅의 삶이다. 사도 바울은 "이것을 고난당하면 또한 그분과 함께 왕 노릇할 것이요"(딤후 2:12)와 "우리가 그와 함께 영광을 받기 위하여 고난도 함께 받아야 될 것이니라"(롬 8:17)고 말했다.

9. 목적이 있는 고난

사람이 거듭나자마자 '아가페' 사랑의 법이 최고인 사회질서에서 통치를 하기 위한 수습기간에 들어간다는 것을 지적했다. 자기 분산과 '아가페' 사랑을 개발하기 위해 고난이 필요하기 때문에, 사도 바울은 우리가 고난 중에서 영광스럽게 될 것이고, 찬양하게 되기까지 고난은 우리를 이용하여 하나님의 목적을 이룬다고 말하고 있다. 만일 우리가 자기 연민과 반항, 불만과 투덜거림으로, 하나님의 부정함, 즉 하나님이 사람을 공정하게 대하지 않는다는 고소를 함으로써 대항하여 싸운다면, '우리는 고통을 헛되이 하는 것이다.'

10. 부당한 고난에 부름 받다

하나님의 자녀에게 일어나는 어떤 것도, 가장 나쁜 것들까지도 우연한 것은 없다. 이것들은 '아가페' 사랑을 배우고 실습하기 위한 기회를 주기 위해 의도된 실험으로 조절된다. 고난이 영원한 왕국에서 지위를 상승시키는 기회가 아니라면, 아무도 부당하게 고난당하는 것을 특권으로 생각하지 않을 것이다. 베드로에게 하나님께서 영감을 주셨을 때, 그는 이것을 마음에 품었을 것이다. "사환들아 범사에 두려워함으로 주인들에게 순복하되 선하고 관용하는 자들에게만 아니라 까다로운 자들에게도 그리하라 애매하게 고난을 받아도 하나님을 생각하므로 슬픔을 참으면 이는 아름다우나 죄가 있어 매를 맞고 참으면 무슨 칭찬이 있으리요 오직 선을 행함으로 고난을 받고 참으면 이는 하나님 앞에 아름다우니라 이를 위하여 너희가 부르심을 입었으니 그리스도도 너희를 위하여 고난을 받으사 너희에게 본을 끼쳐 그 자취를 따라오게 하려 하셨느니라"(벧전 2:18-21). 이것이 영원한 지위를 상승시키기 위한 하나님의 방법이라는 것을 이해하는 것이 부당한 고난 아래에서 흔들리지 않게 붙잡아 준다. 이것이 하나님께서 모든 곳에 있는 모든 성도들의 삶에서 일어나도록 허용하는 불공정과 가슴 아픈 상황들과 마찬가지로, 철의 장막 뒤에서 박해와 순교를 허용하는 이유를 설명하는 것이 아닐까? "그리스도를 위하여 너희에게 은혜를 주신 것은 다만 그를 믿을 뿐 아니라 또한 그를 위하여 고난도 받게 하심이라"(빌 1:29).

11. 신뢰의 문제

분노를 느끼지 않고 다른 사람들이 주는 상처를 받아들이는 것은 어렵다. 분개하거나 비꼬지 않고 부당하게 고난을 받는 것은 힘들다. 마음속에 사랑을 간직하고 불친절하고, 감사하지 않고, 오해하고, 상처를 주고, 학대하고, 분노하는 모든 것이 문제다. 하나님이 사람에게 오는 커다란 개인적인 불공평을 허용한 것은 이것이 '아가페' 사랑을 성장시킬 수 있고 영원한 지위가 확장될 수 있는 방법들 가운데 하나이기 때문이다. 문제는 신뢰다. 이러한 이유로 "너희가 여러 가지 시험을 만나거든 온전히 기쁘게 여기라. 이는 너희 믿음의 시련이 인내를 만들어 내는 줄 너희가 앎이라. 인내를 온전히 이루라. 이는 너희로 온전하고 구비하여 조금도 부족함이 없게 하려 함이라"(약 1:2-4). "그러므로 너희가 이제 여러 가지 시험을 인하여 잠깐 근심하게 되지 않을 수 없었으나 오히려 크게 기뻐하도다 너희 믿음의 시련이 불로 연단하여도 없어질 금보다 더 귀하여 예수 그리스도의 나타나실 때에 칭찬과 영광과 존귀를 얻게 하려 함이라"(벧전 1:6-7).

12. 성품개발을 위한 비료

여러 가지 시험이 (사랑의) 성숙을 가져오고, 여러 가지 시험으로 인한 근심은 예수 그리스도께서 나타나실 때에 칭찬과 존귀와 영광으로 드러나는 결과를 가져온다는 것을 유의하라. 만일 하나님의 자녀가 실제로 미래를 볼 수 있고 고난의 학교에서 그를 위해 만들고 있는 높은 지위를 완전히 볼 수 있다면, 쉽게 깊은 좌절에 빠지지 않고 고난의 영광을 기뻐하는 것이 쉬울 것이다. 오스틴 펠프스(Austin Phelps)는 고난은 '아가페' 사랑을 키우는 성품의 뿌리에 아주 좋은 비료가 된다고 했다. 이것이 우리가 영원까지 가지고 갈 수 있는 유일한 것이다… 이것을 가장 많이 가장 좋은 것으로 획득하는 것이 시험의 목적이라고 말했다. 코틀랜드 마이어스(Cortland Myers)는 언젠가, 모든 그리스도인들에게 지금 반발하고 있는 바로 그 원리들을 하나님은 그들의 성품을 개선하고 저곳에 있는 그의 거대한 건물에 쓸 돌들을 광을 내어 마무리

하기 위해 주조에 이용하셨던 도구들이었다는 사실을 밝히실 것이라고 말했다.

> 우리가 인생의 문을 밀어서 조금 열 수 있었다면
> 그리고 그 안에 서서, 하나님께서 하시는 모든 일을
> 볼 수 있었다면
> 우리는 이 모든 의심과 불화를 이해했을 것이다
> 그리고 각각의 신비에 대한 열쇠를 발견했을 것이다
> 그러나 오늘이 아니다, 불쌍한 마음아, 만족해라
> 하나님의 계획들, 순수하고 하얗고 피지 않은 백합과 같은
> 우리는 오므린 잎들을 찢지 않아야 한다
> 시간이 금색 꽃받침을 드러낼 것이다
>
> 그리고 인내의 수고를 통하여, 우리가 그 땅에 도착하면
> 피곤한 발, 신발 끈을 풀고, 쉴 수 있는 곳
> 우리가 분명하게 알고 이해할 때
> 하나님께서 가장 잘 아신다고 말할 것이라고 나는 생각한다

13. 하나님의 느린 작업

밀러는 그의 책에서 어느 날 안고 있던 두 어린 아이들을 무서운 약탈자에게 빼앗긴 한 젊은 엄마 얘기를 했다. 그녀는 슬픔으로 쓰러졌다. 그녀는 하나님께서 '왜 나를 만드셨는지 모르겠어요'

라며 흐느꼈다. 그녀를 돌보아주는 주님의 방법들을 현명하게 이해했던 그녀의 이모가 "너는 아직 만들어지지 않았다. 하나님께서 지금 너를 만들고 계신다"고 말했다. 하나님은 사람을 있는 그대로 취해 그의 이미지로 만들면서 일생을 보낸다.

> 나의 삶 뒤에 그 직공이 서있다
> 그리고 그의 놀라운 뜻을 이루신다
> 나의 삶을 그의 현명한 손에 맡긴다
> 그리고 그의 완벽한 기술을 신뢰한다
> 신비가 그의 계획을 둘러싸서
> 그래서 나의 짧은 시야가 흐려지면
> 나는 전체를 자세히 살피려 하지 않고
> 실들을 그분에게 맡기겠다
>
> 베틀이 침묵하지 않고
> 북이 날기를 멈추지 않을 때
> 하나님은 모양을 펼치지 않으실 것이고
> 이유를 설명하실 것이다
> 왜 어두운 색 실들이 필요한지
> (장인의 기술적인 손에서)
> 금색 실과 은색 실들만큼
> 그가 계획한 모양에
>
> – 작자 미상

14. 마귀의 세상이 아니다

이것은 기회의 세상이 아니다. 어디에도 기회는 없다. 이것은 마귀의 세상이 아니다. 모든 우주는 아버지의 영향력 아래에 있다. 우리 적은 하나님의 지배 아래에 있는 존재로 창조되었다. 신성한 손이 이 땅의 모든 일에 영향을 미치고 있다. '나의 아버지께서는 지금까지 일해 오셨고 나는 일하고 있다'. 그가 허락하는 기쁨, 슬픔, 성공, 실패, 희망과 두려움, 즐거움과 고통 안에서 그는 우리를 만들고 계신다.

그러나 하나님은 우리 모두를 한 번에 만들지 않으신다. 그 과정은 인생의 모든 날들을 지나가는 따끔한 긴 과정이다. 너무나 많은 날이었다. 하나님은 우리가 세상에 태어났을 때부터 우리를 만들기 시작하셨고, 우리를 만드는 그의 일은 우리의 날들이 다할 때까지 계속된다. 우리 삶에 새로운 터치가 없었던 시간이 없었고, 우리 성품에 새로운 선이 그려지지 않은 시간이 없었다… 하나님은 항상 들에 계셨고 모든 경험을 이용하여 일한다… 우리 삶에 오는 섭리들은 우연히 일어나는 것이 없다.[1]

밀러가 말했듯이, 사탄은 창조된 존재라는 것을 기억하는 것이 중요하다. 그는 세상의 주님이 '아니다'. 왜냐하면 그도 창조의 일부이기 때문이다. 그가 아담의 타락으로 승리했던 모든 권능은 갈보리에서 잃었다. 마태복음 28:18에서 예수님께서 하늘과 땅에 있는 모든 권능이 '내게' 주어졌느니라고 말씀하셨다. 갈보리의 승리를 예측했기 때문에, 누가복음 10:19에서 예수님은 제자들에

---

1) J. R. Miller, *God's Slow making of us*.

게 그 권능을 위임했고, 그들을 통해 교회에도 주셨다. 마침내 사탄이 유폐(계 20:10)되고 이어서 어린양의 결혼만찬이 있을 때까지 하나님은 선택받은 신부에게 극복하는 기술(계 3:21)과 '아가페' 사랑의 깊은 차원을 가르치려는 그의 목적을 위해 사탄을 이용한다.

'아가페' 사랑이 하나님의 나라라 불리는 그 사회 질서에서 지위를 나타내는 휘장이고 이 사랑은 고난의 학교에서만 개발된다는 것을 이해할 때, 이 시에 표현되어 있는 진실에 더 감사할 것이다.

> 언젠가 인생의 모든 가르침이 습득되고
> 그리고 태양과 별들이 영구히 질 때
> 여기 우리의 연약한 판단들이 거절한 것들이
> 우리가 눈썹이 젖도록 아파했던 것들이
> 우리 앞에 번득일 것이다 인생의 어두운 밤에
> 별들이 짙은 파란 색으로 가장 빛날 때
> 우리는 모든 하나님의 계획들이 정말 옳았다는
> 것을 알 것이다
> 우리가 책망이라 생각했던 것이 가장 진실한
> 사랑이었다는 것을
>
> — 작자 미상

제11장

인생의 실패들을 통해 '아가페' 사랑 배우기

1. 대가 없는 아주 위대한 것

하나님은 '아가페' 사랑으로 사람이 형성되고 성숙하도록 하기 위해 끝없이 가실 것이다. 그분은 대가 없는 너무나 위대한 것을 고려한다. 그는 앞에 있는 영광을 알기 때문이다.

> 하나님께서 사람을 훈련하기 원하실 때
> 그리고 사람을 설레게 하고 싶으실 때
> 그리고 사람을 돕기 원하실 때
> 가장 고상한 역할을 하십니다
> 그분께서 그의 온 마음으로 그리워하실 때
> 아주 위대하고 용감한 사람을 창조하는 것을

모든 세상이 감탄하게 될 그런 사람을
그의 방법들을 지켜보시오, 그의 방식들을 지켜보시오
그분이 얼마나 무정하게 완벽한지
그분께서 훌륭하게 선택한 사람이
그분께서 어떻게 그를 망치로 두들기고 상처를 주었는지
그리고 세게 두들겨 그를 변화시켰는지
진흙이 시련을 통해 형성된 모양으로
오직 하나님만이 이해하십니다
고통으로 그의 마음이 울고 있는 동안
그는 손을 들고 간청합니다
그가 구부러졌지만 어떻게 부서지지 않았는지
그의 선을 위해 그분께서 보살펴주실 때
그분께서 선택한 사람을 어떻게 이용하시는지
그리고 모든 목적을 가지고 그를 녹입니다
모든 행위를 그에게 권유하여
그의 훌륭함을 드러내도록 하기 위해
하나님은 그분께서 하시는 것을 알고 계십니다

- 안젤라 모건(Angela Morgan, 각색됨)

분명히 앞에서 읽은 시의 저자는 거의 모두 하나님의 훈련 기간을 생각하고 있다. 그러나 이 시에 묘사되어 있듯이 사람을 취해서 강한 훈련 과정을 통과하게 하는 하나님의 목적은 영원한 왕국에서 높은 지위에 맞도록 그를 준비하는 것이다. 매일의 일상적 행동들이 멀리 있는 종을 울리고 있다. 영원에서.

2. 빙산의 일각

많은 훌륭한 작가는 고난을 시간이 지난 후에 올 가치를 기본으로 그리고 이것이 성품 형성에 공헌한 것을 기본으로 그리고 지금 여기 있는 왕국을 기본으로 정당화한다. 이 견해에 대한 말들이 많이 있다. 가치 있는 삶의 방식을 형성하고 성품을 이루는 고난과 슬픔의 가치에 관심을 두고 쓴 책들이 있다. 이런 책들 중에 밀러는 다음과 같이 아름답게 이 믿음을 표현했다. 우리가 얼마나 고난의 은혜를 입고 있는지 모른다. 과거에 우리에게 온 많은 풍성한 축복은 슬픔과 고통의 열매다.[1)]

다른 곳에서 밀러는 세상의 위대한 축복들은 위대한 슬픔에서 왔다고 말했다. 괴테는 '시로 변하지 않은 고난은 없었다'고 전한다. 모든 예술에서 가장 걸작인 음악과 시는 이것들의 기원과 같다. '시인들은 고난에서 배운 것을 노래로 쓴다'고 전해진다. 고통과 대가를 지불하지 않은 진정한 가치가 있는 것은 아무것도 없다. 우리가 기독교 문학에 딱 맞는 풍성한 구절들을 읽을 때, 이 구절들에 쓰인 진실들을 배우기까지 작가가 고난으로 지불한 대가가 얼마인지 모른다. 어떤 사람은 슬픔은 기쁨을 찾는 마음의 공간으로 뻗어온다고 말했다.

이것은 아름다운 생각이다. 슬픔에는 보상이 따른다는 것이 사

---

1) J. R. Miller, *The Ministry of Comfort*, 30.

실이다. 이 생각들 가운데 많은 것이 인생의 마지막을 마감하기 전에 깨닫게 된 것이다. 슬픔의 훈련은 현재에 풍성한 배당금을 지불한다. 그러나 이 보상들은 드러날 영광과 비교할 때 빙산의 일각일 뿐이다. 정화시키는 고난의 기본 목적은 신부가 왕좌에 앉은 이후까지 분명하지 않을 것이다. 그 때, 오직 그 때 사도 바울의 영광스런 예언의 의미가 드러나게 될 것이다. 잠시 받는 우리의 가벼운 고난이 훨씬 더 뛰어나고 영원한 영광의 무거운 것을 이루느니라. 이제 고난의 영향과 목적을 알아내려고 하지 말라. 영원만이 이것의 원대함을 드러낼 것이다.

3. 신부 간택 – 세상과 반대되는 교육

우리는 하나님의 영원한 계획을 알지 못하지만, 이것은 측정할 수 없이 위대하다는 것을 알고 있다. 하나님이 자기를 사랑하는 자들을 위하여 예비하신 모든 것은 눈으로 보지 못하고 귀로도 듣지 못하고 사람의 마음으로도 생각지 못한다(고전 2:9). 교회는 저 영원한 왕국에서 핵심적 요소, 주요한 특성, 탁월한 성질, 유명한 인사라는 것을 알고 있다. 그의 목적은 이제 "교회를 사용하사 하늘에서 정사와 권세들에게 하나님의 각종 지혜를 알게 하려 하심이니"(엡 3:10).

'교회를 통하여' 하늘에 있는 정사와 권세들에게 알게 하려는 하나님의 여러 가지 지혜의 내용이 무엇일까? 사랑이 세상의 법이기 때문에 그리고 교회가 사랑을 배우는 고난의 학교에 있기 때문에, 여러 가지 지혜는 '아가페' 사랑의 숭고한 차원으로 구성되어있을 것이다.

그분이 각 교회 구성원들에게 깊은 '아가페' 사랑의 차원을 가르치기 위해 의심의 여지없이 그런 고난을 담당한 주요한 이유는 하나님이 영원에서 세상의 원리들과 능력들에게 세상의 모든 지식들에게 그의 사랑의 본질을 표현하기 위해 교회, 즉 신부를 간택하실 계획을 했기 때문이다. 베드로전서 1:12에 나타나 있듯이 천사들에게 신비로웠던 하나님의 사랑과 구원의 계획에 무엇인가 있음에 틀림없다. "천사들도 살펴보기를 원하는 것이니라". 분명히 하나님은 영원히 확장되는 그의 천상의 왕국 거주자들을 교육하고 교화하기 위해 교회를 이용할 계획을 하셨다. **할렐루야!**

4. 교회의 구심점

"만물이 그에게 창조되되 하늘과 땅에서 보이는 것들과 보이지 아니하는 것들과 혹은 보좌들이나 주관들이나 정사들이나 권세들이나 만물이 다 그로 말미암고 그를 위하여 창조되었고 또한 그가 만물보다 먼저 계시고 만물이 그 안에 함께 섰느니라 그는 몸인 교회의 머리라 그가 근본이요 죽은 자들 가운데서 먼저 나신 자니 이는 친히 만물의 으뜸이 되려 하심이요"(골 1:16-18). 이 마지막 말이 결정적이다. 이것은 에베소서 1:22-23로 강화되었다. 또 만물을 그 발아래 복종하게 하시고 그를 만물 위에 교회의 머리로 주셨느니라. 교회는 그의 몸이니 만물 안에서 만물을 충만하게 하시는 자의 충만이니라. 이 마지막 말도 또 다른 결정적인 말이다. '그는 교회를 위해 모든 것의 머리가 되셨다.' 하늘이 주신 모든 기업은 교회 주변을 회전한다. 이것을 생각하라! 교회는 세상에 있는 현재와 미래의 왕좌, 원칙, 능력, 통치, 권위보다 우주의 권능의 자리에 더 가까이 있다(고전 3:21-23). 사실 교회는 최고의 권능의 자리에 너무 가까워서 그의 몸의 일부분이고 그와 함께 왕좌에 앉게 될 것이다. 따라서 하나님은 각자의 높은 지위에 맞도록 준비하기 위해 필요한 기간이 길어도 갈 것이다.

5. 일보다 일하는 사람

이것이 그가 철저한 깨짐, 즉 측은한 마음과 '아가페' 사랑을 만들 수 있는 그런 고통의 길을 가는 이유다. 예를 들어 때로 하나님은 그의 종들 가운데 한 사람에게 수년 동안 거대한 규모의 영적인 성공을 허락한다. 그는 황홀한 인생을 사는 것 같다. 그가 하는 모든 노력이 번창하여 복을 받는 것 같다. 그런 후에 하나님은 그가 외적인 재난으로 멸망하도록 한다. 그는 철저하게 깨진다. 하나님의 일이 그의 손 아래에서 정당한 이유로 분명히 멸망하여 사라진다. 이것은 신비다. 그러나 하나님은 근거가 있다.

6. 패배의 성공

'때로 실패하여 고난당하는 것이 사람을 비이기적으로 만들 수 있는 유일한 방법이다.' 재난, 대참사, 철저한 손실 등의 고난이 고상하고 영원한 지위에 적합하지 못한 상태로 있지 않도록 탈 이기심과 측은하게 여기는 마음과 온화함을 이루기 위해 필요하다. 경제적 실패, 명예 손상, 또는 개인적 비극에 이어 건강 문제가 온다. 사람이 통치를 준비하는 데에 실패가 성공보다 더 낫다면, 하나님은 그를 너무 사랑하셔서 그의 영원한 영광의 무게의 비용을 지불하여 보호하지 않을 것이 확실하다. 하나님은 일보다 오히려 일하는 사람이라는 주제를 지지하는 것 같다. 하나님은 보는 바가 영원한 가치에 있기 때문이다. 오스왈드 챔버스는 왜 우리가 가슴 아픈 일들을 통과하지 않으면 안 되는가… 만일 가슴 아픈 일을 통하여 하나님이 세상에서 통과할 수 있는 그의 목적들을 가져올 수 있다면, 당신의 마음을 아프게 한 것에 대해 그에게 감사하라고 말했다.[2]

7. 잠시 대 영원

많은 재능 있는 종교적 지도자가 받는 유혹은 그들의 왕국인 세상의 일시적 성공이 목적이고 이것을 위해 일하는 것이다. 어떤 아주 성공적인 종교적 사업주들에 의해 지금 강하게, 거의 배타적으로 긍정을 강조하는 것이 예가 된다.[3] 만일 이런 사람들 중에 몇 사람이 사도 바울이 쓴 영원한 영광의 무게를 분담한다면, 저

---

2) Chambers, *My Utmost for His Highest*, 306. Used by permission.
3) Billheimer, *Destined for the Throne*, "Ecclesiastical Treadmills," 101.

자는 이런 사람들이 실패와 패배로 부서져 흩어지는 것을 보게 될 것이 두렵다. 무명의 작가가 다음 시에서 이런 관점을 말했다.

> 세상의 목소리들이 합창을 하는 동안
> 승리한 사람들을 위한 승리의 노래를
> 트럼펫이 승리의 소리를 내는 동안
> 태양과 미풍에 이르도록 높이
> 즐거운 깃발들이 나부끼며 손뼉을 친다
> 그리고 서두는 발들이 떼 지어 모인다
> 월계수 왕관이 승리자들에게 씌워진다
> 나는 패배한 들판에 서 있다
> 넘어지고 상처입고 죽어가는 사람들과 함께 그늘에서
> 그리고 진혼곡을 낮게 노래한다
> 나의 손을 그들의 고통으로 찌푸린 이마에 댄다
> 기도를 속삭이고, 무기력한 손을 잡아준다
> 그리고 그들만이 선한 싸움을 한
> 승리한 사람들이라고
> 그리고 내면에서 우리를 유혹하는 마귀를 정복했다고
> 속삭인다

8. 잡다한 동기들

하나님이 사람을 정화시키기 위해 재난을 허용하실 때까지, 많은 사람은 완전히 깨닫지 못한 잡다한 동기들을 가지고 있다. 우리 안에 있는 마귀는 헛된 야망이고, 인간적인 힘이고, 십자가에 못 박히지 않은 육이다. 하나님은 마귀를 쫓아버리기 위해 어떤 노고도 마다하지 않는다. 심지어 분명한 영적인 일을 위해 패배를 허용한다. 그는 인간의 영원한 지위와 자신의 영원한 영광을 위해 일한다. "내게 주신 하나님의 은혜에 따라 내가 지혜로운 주 건축자로서 기초를 놓았고 다른 사람이 그 위에 세우되 저마다 어떻게 그 위에 세울지 주의할지니라. 아무도 이미 놓은 기초 외에 능히 다른 기초를 놓을 수 없나니 이 기초는 곧 예수 그리스도시니라. 만일 어떤 사람이 이 기초 위에 금이나 은이나 보석이나 나무나 건초나 짚을 세우면 각 사람의 일이 드러날 터인데 그날이 그것을 밝히 드러내리니 이는 그것이 불에 의해 드러나고 그 불이 각 사람의 일이 어떤 종류인지 시험할 것이기 때문이라. 어떤 사람이 그 기초 위에 세운 일이 남아 있으면 그는 보상을 받고 어떤 사람의 일이 불타면 그는 보상을 잃으리라. 그러나 그 자신은 구원을 받되 불에 의해 받는 것 같이 받으리라"(고전 3:10-15).

9. 성공 숭배

오늘날 속된 세상이 성공을 숭배하지만, 많은 교회 지도자가 죄를 짓기도 한다. 성공은 위대한 교회 사업의 지도자들 중 몇몇 사람들의 우상임에 틀림없다. '주는 친절한 빛'이란 찬양에서 이 영적인 악을 표현했던 존 헨리 뉴먼(John Henry Newman)을 많은 형제와 자매가 지지한다. 그는 다음과 같이 썼다.

> 나는 두려움에도 불구하고 눈부신 날을 사랑했다
> 교만이 나의 의지를 지배했다
> 과거가 아니라는 것을 기억하라

어떤 사람들은 엄청난 깨짐이 있은 후에나 자신의 잘못을 볼 수 있을 것이다. 하나님은 우리의 일생 동안 성공에 환멸을 느껴 동기들을 정화시키고, '아가페' 사랑으로 성숙하도록 하실 것이다. 사람들이 가장 효과적으로 자신들을 나타낼 수 있는 성숙한 사랑에 이르렀을 때, 유익한 절정에 막 다다랐을 때, 하나님은 그들을 천국으로 부르는 것 같다. 많은 사람은 사람이 열매를 맺을 수 있는 봉사를 할 준비가 가장 잘된 것처럼 보일 때 왜 하나님이 그를 집으로 왜 부르는지 의아해 한다. 인생에 대한 하나님의 목적이 기본적으로 제 때에 봉사를 하는 것이 아니라 하나님의 영원한 사업을 위한 것이라는 것을 알지 못하면 이해되지 않는다. 하나님은 그의 장래의 왕국에서 그의 고상한 역할에 맞도록 성숙시키기 위해 기쁨이나 슬픔, 즐거움이나 고통, 성공이나 실패 등의 인생의 상황들을 이용한다. 이것이 달성되면, 하나님은 더 이상 그를 여기에 남겨두지 않는다.

10. 인생 다시 살기

많은 경우, 사람은 생명이 거의 끝날 즈음에 영원한 진리를 더 많이 깨닫게 된다. 지나간 세월에 비추어 파악 능력이 변화되었다. 석양의 그림자가 길어질 때, 가치 체계가 수정되었다. 그가 한때 높게 평가했던 것들은 이제 별로 중요한 것 같지 않다. 과거에 갈망했던 목표들은 매력을 잃었다. 그는 지혜롭게 되었다. 그는 회상하며 과거의 어리석음을 깨닫고 헛된 후회에 빠질 유혹을 받는다. 인생은 기본적으로 세상의 성공을 위한 것이 아니라 '아가페' 사랑을 배우기 위한 것이라는 것을 이런 마음으로 깨닫지 못하면, 사람은 다시 돌아가 인생이 그에게 준 지혜를 이용하여 인생을 다시 한 번 살기를 바랄 것이다. 그에게 있어서 인생은 거대한 패배였다는 것을 느낄 것이다. '그러나 하나님의 관점에서, 만일 사람이 사랑을 배운다면, 인생을 다시 살 필요가 없다. 인생의 진정한 목적이 달성되었기 때문이다.' 인생을 위해, 기쁨이나 고통이 만들어낸 모든 것을 가지고 희망과 두려움이 사랑을 배운 상을 받을 기회다(브라우닝).

11. 사랑이 없는 인생은 재난이다

가장 눈부신 성공을 거두었지만 사랑을 배우지 못하고 인생의 종말에 이른 사람은 완전히 패배한 사람이다. 세상의 이목을 끄는 평판을 받은 사람들을, 불꽃처럼 빛나는 지성을 가진 사람들을, 또는 거대한 부를 축적하고 이것이 주는 모든 것을 가진 사람들을 부러워하지 말라. 만일 사람이 이 과정에서 사랑을 배우지 못했다면 그의 인생은 재난이다. 시편 37편이 여기에 어울린다.

인생은 감각적 즐거움이나, 부의 축적이나, 명예나, 거대한 제조업 건물이나, 상업 건물이나, 또는 군사제국이나, 정치적 권세가 아니라 사랑을 배우는 것이다. 인생은 탐험이나, 여행이나, 우주공간을 정복하는 것이 아니다. 인생은 과학이나, 역사나, 경제학이나, 철학이나, 신학을 배우기 위한 것이 아니다. 인생은 위대한 연설을 하거나, 위대한 설교를 하거나, 거대한 종교 운동들을 하는 것이 아니다. 인생은 병원들, 교회들, 학교들 대학들과 같은 교육을 하는 거대한 건물들이나, 책들이나, 잡지들이나, 다른 정기 간행물들을 출간하기 위한 것도 아니다. 이 모든 것들은 결과적으로 발생하거나 또는 사랑을 배워 공헌할 때에만 가치가 있다.

12. 성공하는 사랑 배우기

'사랑을 배우면, 그는 아무리 실패했다 해도 인생에는 성공했다.' 만일 과거에 사랑을 배운 모든 패배자들이 마침내 이 영적인 깨짐을 이루었다면, 그 인생은 하나님 시각에서 패배하지 않았다. 그가 일하셨던 것은 이것을 위한 것이었기 때문이다. 이것이 하나님이 창세 이래 계속해 오던 것이었다. '아가페' 사랑이 하나님의 영원한 사회질서에서는 통치의 핵심이기 때문이다. 사실 사랑은 이 땅에서 성공하는 인생에 진정으로 필요한 요소다. 그러나 이것의 궁극적 가치는 사랑이 최상위 법인 경륜에서 사람에게 영원히 통치할 자격을 주는 것이다.

사랑하지 않는 인생이 가지고 있는 슬픔과 고통으로 야기된 파산은 하나님이 영적인 깨짐과 측은히 여기는 마음과 온화함을 얻기 위해 기꺼이 지불한 상이다. 모든 죄는 사랑의 반대다. '사랑의 대가인 성공은 실패다. 사랑의 대가인 승리는 패배다.' **'사랑은 결코 패하지 않는다.'** 태양이 늙고, 별들이 차가워지고, 바다와 강들이 마르고, 숭엄한 시간이 지나고, 영원의 엄숙한 발걸음에 메아리가 없을 때에도, 헤아릴 수 없는 강한 사랑은 아직도 지속된다. 사랑이 우주의 최상위 법이다. 사랑은 해를 당해도 결코 부서지지 않을 것이다.

13. '아가페' 사랑의 송가

내가 크로이소스(Croesus: B.C. 6세기의 리디아의 최후의 왕으로 큰 부자로 유명함-역주), 미다스(Midas: 그리스신화에서 손에 닿는 것을 모두 금으로 변하게 한 프리지아의 왕), 록펠러(Rockefeller: 농산물 도매업으로 사업을 시작하여, 석유 사업의 장래성을 내다보고 1870년에 스탠더드 석유 회사를 창립하여 석유업계를 지배했다-역주) 부부, 하워드 휴즈(Howard Hughes: 항공업계 거물-역주) 그리고 폴 게티(Paul Getty: 석유사업을 시작하여 유전을 사들이고 게티 오일사를 설립-역주)와 같은 사람들을 결합한 정도의 부자가 되었을지라도, 사랑이 없으면, 나는 아무것도 아니다.

내가 느부갓네살(Nebuchadnezzar) 왕, 알렉산더 대왕(Alexander the Great), 칼 대제(Charlemagne), 나폴레옹(Napoleon)과 같은 사람들을 합친 정도로 강력할지라도, 사랑이 없으면, 나는 아무것도 아니다.

내가 데모스테네스(Demosthenes), 키케로(Cicero), 셰익스피어(Shakespeare), 다니엘 웹스터(Daniel Webster), 처칠(Churchill)과 같은 웅변술을 가지고 있어서 군중을 움직일지라도, 사랑이 없으면, 나는 아무것도 아니다.

내가 트로이의 헬런(Helen of Troy), 클레오파트라(Cleopatra), 미스 유니버스와 같은 매력과 아름다움을 가졌더라도, 사랑이 없으면, 아무것도 아니다.

'아가페' 사랑은 결코 패하지 않는다!
부하지만 이것은 녹슬어 부식할 것이다
유명하지만 망각의 강으로 가라앉을 것이다
정치적 권력과 지배권이 있지만
이것은 거품처럼 흩어질 것이다
군사적 힘이 있지만 이것은 없어질 것이다
달변가들이 있지만 이들은 잠잠해질 것이다
얼굴과 자세가 아름답지만, 이것은 사라질 것이다
그러나 사랑은 영원하다

숭엄한 시간이 더 이상 없을 때
지구상의 왕좌들과 왕국들이 무너질 때

노년의 날들이 그의 정죄의 자리에 앉게 될 때
천사의 하프들이 잠잠하고 천국의 침묵이 우주를 채울 때
사랑은 아직도 젊을 것이다
마지막 비행기가 마지막 비행을 마쳤을 때
마지막 우주선이 궤도를 돌았다
마지막 로켓이 발사되었다
녹고 있는 우주의 잔재들이 휩쓸릴 때
하나님의 불같은 분노의 폭풍우가 일어난 후에
새로운 하늘과 땅이 세대들의 모체에서 움직일 때
사랑은 아직 유아기에 있을 것이다
사랑은 결코 늙지 않는다 결코 사라지지 않는다
결코 썩지 않는다
사랑은 인생의 최고의 목표다
사랑은 신성하다

따라서 사랑이 당신의 목표가 되도록 하라

– 작자 미상

인생은 '아가페' 사랑을 배우는 것이다

Don't Waste Your Sorrows

제12장

나이 먹는 것을 통해 '아가페' 사랑 배우기

1. 나이 먹기 – 하나님 계획의 일부

앞에서 하나님께 순종하는 자녀에게 일어나는 모든 것은 성품 개발과 관련이 있다고 말했다. 나이를 먹는 과정을 예를 들어 보자. 세상은 일반적으로 이것을 가능한 모면해야 하고, 피해야 하고, 늦추어야 하는 것으로 생각한다. 젊음에 대한 환상을 가지고 늙는 것을 늦추기 위해 모든 종류의 장치들이 이용된다. 나이를 먹는 것은 변경할 수 없는 자연스런 시간의 흐름의 결과이고, 오직 후회로 애통해 하는 것이라고 생각하는 것이 보통이다. 마치 환상이 피할 수 없는 시간이 날아가는 것을 늦출 수 있는 것처럼, 젊음의 예찬은 연세가 드신 분들이 젊게 생각하도록 용기를 준다. 그러나 나이를 먹는 것은 피할 수 없는 생물학적 과정 이상이다. 이것은 목적을 가지고 있고 하나님의 계획의 일부다.

2. 나이 먹기와 가치 수정

나이를 먹어가는 과정에 있는 하나님의 목적들 가운데 하나는 사람이 자신의 가치체계를 적절하게 수정하도록 하는 것이다. 젊은 사람들과 나이 든 사람들의 우선순위들이 얼마나 다른가. 젊은 사람에게 있어서 목표는 성공, 권력, 명예, 지위, 명성, 기술, 부 그리고 편리함이다. 젊은 사람은 흔히 인생은 기본적으로 즐기는 것이라고 믿는다. "자기"가 중심이다. 하나님은 인생의 변화, 좌절, 가슴 아픈 일 그리고 발전하는 시대의 결점을 통하여 가치를 바꿀 것을 계획했다. 이것은 현세를 이용하여 환상을 깨뜨려서 그가 하늘을 향하도록 하는 것이다. 밀러는 진정한 삶은 선한 것들이 악한 것들을 이기고, 영이 육을 이기는 진정한 전쟁의 상속이다. 우리가 자기를 위해 사는 것을 중지해야, 살기 시작하는 것이라고 말했다.[1]

3. 나의 주인

이름 없는 작가가 다음 시에서 젊은이의 헛된 야망들을 주인에게 이기심 없이 헌신하는 변화를 감명 깊고 생생하게 묘사했다.

---

1) J.R. Miller, *Making the Most of Life*, 2.

나는 안일한 걸음으로 인생의 길을 걸었다
편안함과 쾌락이 이어졌다
어느 날 조용한 곳에서
내가 얼굴을 대면하여 주인을 만날 때까지

나의 목적인 계급과 지위와 부와 함께
몸을 주로 생각했지만, 혼은 생각하지 않았다
나는 인생의 미친 경주에 승리하기 위해 참가했다
내가 나의 주인을 얼굴을 대면하여 만났을 때

나는 나의 성들을 지어 높이 세웠다
이 탑들이 푸른 하늘을 찌를 때까지
나는 갈고리 달린 철퇴로 지배할 것을 맹세했다
내가 나의 주인을 얼굴을 대면하여 만났을 때

나는 그를 만났다 그리고 그를 알았다 그를 보고 얼굴을 붉혔다
슬픔이 가득한 그의 눈이 나에게 고정되어 있었다
그리고 비틀거렸고 그 날 그의 발밑에 엎드렸다
나의 성들이 서서히 무너져 사라지는 동안

무너지고 사라졌다 그리고 그 곳에
나의 주인의 얼굴만 보였다
그리고 나는 소리 내어 울었다 오 나를 만나주소서
당신의 상한 발자국을 따르도록

나의 생각은 이제 인간의 혼들을 위한다
나는 이것을 다시 찾기 위해 인생을 허비했다
그 날 이후로 조용한 곳에서
나는 나의 주인을 얼굴을 대면하여 만났다

4. 지난 세월의 목적

기쁨과 슬픔과 함께 지난 세월의 목적은 자기를 숭배하지 않도록 하는 것이다. 사람이 사랑으로 성숙할 수 있도록 하기 위함이다. 사람이 자기 사랑에서 구원을 받지 못하면 늙어가는 것을 좋아하지 않는다. 늙어가는 것은 사람을 더 부드럽고, 더 생각을 깊게 하고, 더 은혜와 측은히 여기는 마음을 갖게 하고, 덜 철부지 같고 덜 요구하도록 하기 위한 의도다. 이것이 시련과 고난, 고통스런 갈등, 질병과의 싸움, 경제적 반전, 사랑하는 사람들의 배은망덕, 거짓 우정으로 인한 좌절감, 부당한 고난, 사별의 고통이 있는 이유다.

5. 나이 먹기 - 하나님의 마지막 학교

밀러는 과일들은 자라면서 날씨와 기후의 영향으로 익게 된다. 과일이 익기까지 다양한 기후 상태에 따른 여러 다른 계절들을 거친다. 겨울은 봄, 여름, 가을만큼 역할을 한다. 밤과 낮, 구름과 햇빛, 추위와 더위, 바람과 잔잔함, 모든 것이 과일을 익히기 위해

함께 작용한다고 말했다.[2)]

같은 태도로 모든 인생의 다양한 경험들, 늙어가는 나이까지도 '성품'을 발전하고 무르익게 하고 '아가페' 사랑을 개발하기 위해 함께 작용한다. 모든 햇빛이 좋은 과일을 만들지 못하듯, 모든 즐거움과 기쁨이 가장 풍성한 성품을 만들지 못할 것이다. 밝음만큼 어두움과 부드럽고 따뜻한 여름만큼 거친 추위의 겨울이 '아가페' 사랑으로 성숙시키고 성품을 풍부하게 하는 일에 필요하다.

따라서 나이를 먹는 것은 불행하지만 피할 수 없는 악으로 견디어 내야 하는 것이 아니다. 이것은 하나님의 계획의 한 부분이다. 적절하게 받아들이면, 영원에 들어가기 전에 성품을 교육하고 풍성하게 하는 하나님의 마지막 학교를 조성할 것이다.

6. 은퇴 후의 세월 낭비

노년학자들은 이른 은퇴로 인력을 불필요하게 낭비하는 것을 염려한다. 나이를 먹는 신자의 인생에 이보다 더 진지한 말은 아무데도 없다. 은퇴에 이어지는 커다란 유혹은 세상의 성향을 따라 자신의 쾌락을 추구하는 것이다. 은퇴가 가까워지면, 상당히 넉넉한 사람들은 흔히 지금이 자신의 욕망을 만족할 수 있는 시간이라고 결정하고 늘 하고 싶었던 것들을 한다. 이들은 자주 여행, 관광, 여흥, 그 외의 다른 형태의 자기를 즐겁게 하는 프로그램에 착수한다. 넉넉하지 못한 사람들은 좌절하고, 자신의 운명을 슬퍼하고, 다

---

2) Miller, *The Upper Currents*, 94.

른 사람들을 질투하고, 자기 연민으로 쇠약해지는 시간을 보낼 것이다. 이런 악에 빠진 신자들은 '고통을 헛되이 하고 있다.'

7. 은퇴를 생산적으로 만들기

하나님은 많은 사람에게 오는 육체적으로 쇠퇴해가는 긴 기간을 특별한 목적을 위해 중재하셔서 이용하길 바라신다. 『왕좌에 앉을 운명』에서 기도에 대해 다음과 같이 말하고 있다. 기도는 행동이 있는 곳이다. 사람이 하나님이나 사람을 위해 할 수 있는 가장 중요한 것은 기도하는 것이다. 기도를 한 '후에는' 기도하는 것 이상을 할 수 있으나 기도하지 '않으면' 기도하는 것 이상을 할 수 없다. 믿음의 기도를 통하여 교회는 세상 일과 혼들 구원에 권능의 균형을 유지한다. 세상의 운명은 기도하는 이름 없는 성인들의 손 안에 있다는 것을 보여준다.

8. 사탄의 계략

이것이 진리이기 때문에, 연세가 지긋하고 은퇴한 사람들은 세상 일들과 혼들 구원에 영향을 줄 수 있는 하나님께 이용 가능한 가장 큰 힘이 되어야 한다. 활발한 삶을 사는 동안 기도를 충분히 할 시간이 없었다. 목사, 선교사, 관리자 그 외에 기독교에 종사하는 사람들도 같은 딜레마에 빠져 있다. 기도와 헌신하는 삶의 중요성을 생각할 것에 대한 가르침을 잘 받지 않으면, 이것을 두 번째로 중요한 것으로 분류하는 중대한 위험에 빠진다. 사탄의 가장 성공적인 계략은 기독교 사역자들이 두 번째로 중요한 것들에 너무 바빠서 기본적인 것, '기도'할 시간이 거의 없도록 하는 것이다. 따라서 좋은 것들이 가장 좋은 것들의 적이 된다.

세상에서 가장 나쁜 악의 형태들은 마귀의 행위의 결과다. 이들을 지배하는 유일한 능력은 성령의 능력이다. 자신의 선택으로 성령은 거룩한 사람들의 기도에 의해서만 그의 일을 하도록 허락한다(마 16:18-19; 요 20:21-23).[3] 이것이 존 웨슬리(John Wesley)가 하나님은 기도에 응답하는 것을 빼놓고는 아무것도 하지 않으실 것이라고 말한 이유다.

9. 기도의 우선순위

'천국의 관점에서, 모든 영적인 승리는 기본적으로 설교에 있지 않고, 기본적으로 광고 전광판의 빛에 있지 않고, 트럼펫의 허세부리는 요란한 소리를 통해서도 아니고, 비밀스런 장소에서 하는 기도에 있다…'

빌리 그래함과 같은 사람의 재주, 재능, 설교 능력에 대해 하나님께 감사드린다. 이런 장점들을 얕보려는 것이 아니다. 오히려 그래함의 사역을 통해 수천을 제곱한 사람들을 변화시키는 능력은 우수한 재주들, 신기한 재능들, 뛰어난 웅변술, 또는 심리적인 설득의 능력이 아니라, 수백만의 기도 동역자들의 믿음과 기도로 풀어주는 능력이다. 천국의 관점에서, 그래

---

3) Billheimer, *Destined for the Throne*, 43-51.

함을 둘러싸고 지원하는 기도와 탄원이 발생하고 있는 일에 대한 진정한 설명이 될 것이다. 그를 대신하여 싸우는 거대한 기도 프로그램 때문에, 그의 노력에 대항하는 사탄의 군대를 이기고 모세와 아론과 후가 아말렉에 대항하여 여호수아와 이스라엘을 위해 하나님께 탄원했던 것과 같은 방법으로 묶는다.[4]

10. 기도는 행동이 있는 곳에 있다

많은 사람이 선교현장에 가거나 또는 다른 것들을 선택하여 봉사하지 못한 것을 몹시 슬퍼한다. '신실한 탄원을 통하여 그들은 선교현장에 간 만큼 이룰 것이고 본인이 몸소 현장에 있었던 것 만큼 충분한 보상을 거둘 것이다.' 뛰어난 재주나 시선을 집중시키는 재능을 갖지 못했기 때문에 인생에 속아서 슬퍼하는 사람들, 또는 나이가 들어서 또는 병들어서 은퇴한 사람들은 신실한 탄원을 통하여 가장 많이 받은 사람들과 똑같이 천국에서 보상을 받을 것이다. 전적으로 **기도는 행동이 있는 곳에 있기** 때문이다. 대언자의 이름으로 대언자를 받아들이는 자는 대언자의 보상을 받고, 의로운 자의 이름으로 의로운 자를 받아들인 자는 의로운 자의 보상을 받으며(마 10:41), 만일 간단한 환대가 동등한 보상을 가져온다면, 기도후원 사역은 분명히 보상을 받을 것이다. [5]

---

4) Billheimer, *Destined for the Throne*, 104-105.
5) Billheimer, *Destined for the Throne*, 105-106.

11. 기도의 전쟁은 방해를 경주한다

오직 하나의 빌리 그래함이 있을 뿐이다. 이런 사람은 더 있지 않다. 그러나 위에서 인용한 성경말씀 가운데 예수님이 말씀한 원리에 따르면, 빌리를 위해 신실하게 기도하는 노동을 하는 가장 작은 신자가 개인적으로 하나님이 저 유명한 복음전도자에게 주신 모든 재주를 공유한 것처럼 받을 보상도 분명히 공유할 것이다.

선교사들, 목사들, 복음 전도자들, 선생들, 관리자들과 같은 천국의 일들과 혼을 얻는 일에 책임자와 지도자가 된 사람들을 위해 신실하게 기도 전쟁에 동참하는 만큼, 그가 그 날에 이 일꾼들에게 분배될 영원한 보상을 공유한다는 원리는 모든 영적 지도자들의 사역에 적용된다. 운동선수로 비유한다면, 기도의 전쟁은 공을 몰고 가는 사람을 방해하는 경주다.

12. 세상의 운명

이것은 자기 연민이나 탁월한 재주를 지니고, 기도의 전사로서 기꺼이 그의 위치를 채울 사람들을 질투할 여유를 남기지 않는다. '천국의 책에 전투에서 완전히 시야를 가리고 음침하고 가장 먼, 외딴 곳에 있는 이름 없는 성인이 가장 선구적이고 탁월한 지도자만큼 중요하고 그리고 그가 신실하다면, 가장 선구적이고 탁월한 그만큼 큰 보상을 받을 것이다. 할렐루야!' 모든 신실한 기도의 전사들은 진정으로 전선에 있는 것과 같고, 지도자로서 전투에서 위대한 공헌을 한 만큼 분명히 공헌을 하고 있다. 그리고 이들은 보상을 똑같이 공유할 것이다. 진실로, 세상의 운명은 이름 없는 성인들의 손에 있다.[6]

13. 실행 가능한 대안

'이 일은 사실이기 때문에, 신자는 은퇴할 필요가 없고 인생에서 비생산적인 때는 없다. 활약하고 있는 사람들처럼 그는 바퀴 달린 의자나 또는 병자의 침상에서 탄원을 이용하여 진정으로 최전선에 있을 수 있다.' 이것이 설교나 찬양이나 또는 도시를 아우르는 캠페인을 조직하는 것보다 기도하는 성품을 요구하고 개발시킨다. 연세 드신 신자들(많은 분이 쓸데없이 찬장에 진열되어 있는 것처럼 느낀다)이 많이 있다. 기도가 하나님을 위해서 또는 사람을 위해서 할 수 있는 가장 중요한 것이라는 것을 알아서 기꺼이 자신들을 기도의 삶으로 훈련한다면, 이 나라를 바꿀 사람들은 충분하다. '그리고 기도하는 성도들이 이것을 할 수 있는 유일한 분들이다!' "의로운 자는 종려나무같이 흥왕하며… 그들은 늙어서도 여전히 열매를 맺으며 기름지고 흥왕하리니"(시 92:12, 14). 나이 많은 신자가 가장 생산적인 시간을 자기 연민이나 자기 쾌락을 추구하는 것으로 낭비하는 것은 슬픈 일이다.

---

6) Billheimer, *Destined for the Throne*, 106.

제12장 나이 먹는 것을 통해 '아가페' 사랑 배우기

다음의 시는 실행 가능한 대안을 제시하고 있다.

> 나는 계속할 수 없다 왜 그럴까
> 생명이 다하여, 나는 곧 죽을 것인가
> 내가 또 하나의 인생을 가질 수 있다면
> 그러나 아니야! 그분은 우리에게 오직 하나만을 주셨어
> 왕관을 얻거나 잃을 수 있는
>
> 오 오려무나, 나의 혼아! 너는 아직 살아있다
> 왜 오래 동안 쇠약해져 있나? 일어서라
> 그 일에 너의 최선을. 그 밤이 오고 있다
> 너는 너무 늙지 않았다-네가 늙었다고 누가 말했나
> 하나님은 나이를 매기지 않으신다-그의 말씀에
> 나이는 없다
> 사탄이 교활한 방법으로 당신을 방해할지라도
> 더 이상 거기에 머물지 말라
>
> 일어나라! 그리고 네가 남겨두었던 것을 주어라
> 그리스도께서 빼앗긴 혼들에게 알리도록
> 그의 손이 인도한다, 빠르게 기도가 이어진다
> 시간이 다해서, 마침내 천국이다 [7]
>
> – 앨빈 래스무센(Alvin A. Rasmussen)

---

[7] Alvin A. Rasmussen, "You're Not Too Old," 1952, first published in *Brown Gold, magazine* of New Tribes Mission, Woodworth, Wis. Adapted. Used by permission of the author

기억하라. 당신은 왕위를 가질 운명을 가지고 있다! 하나님께서 지금 당신을 훈련하고 계신다. 당신의 시련은 우연이 아니다. 목적이 없는 고난은 없다. 당신의 영원한 보상이 눈앞에 있다. 따라서 '인생의 고통을 헛되이 하지 말라!'

인생의 고통
Don't Waste Your Sorrows

2009년 5월 25일 초판 발행

지은이 | 폴 빌하이머
옮긴이 | 김 순 임

펴낸곳 | 사) 기독교문서선교회
등록 | 제16~25호(1980. 1. 18)
주소 | 서울시 서초구 방배동 983-2
전화 | 02) 586-8761~3(본사) 031) 923-8762~3(영업부)
팩스 | 02) 523-0131(본사) 031) 923-8761(영업부)
홈페이지 | www.clcbook.com
이메일 | clckor@gmail.com
온라인 | 기업은행 073-000308-04-020, 국민은행 043-01-0379-646
　　　　　예금주: 사)기독교문서선교회

ISBN 978-89-341-1038-4(03230)

* 낙장 · 파본은 교환해 드립니다.